Ernst Samter

Familienfeste der Griechen und Römer

EHV
HISTORY

Ernst Samter

Familienfeste der Griechen und Römer

ISBN/EAN: 9783955640057

Auflage: 1

Erscheinungsjahr: 2013

Erscheinungsort: Bremen, Deutschland

EHV
HISTORY

FAMILIENFESTE

DER

GRIECHEN UND RÖMER

VON

ERNST SAMTER

BERLIN

DRUCK UND VERLAG VON GEORG REIMER

1901

Vorwort.

Unter den Bündnissen, welche die klassische Philologie mit Nachbarwissenschaften geschlossen hat, ist für religionsgeschichtliche Untersuchungen keins wichtiger als das mit der Ethnologie und Volkskunde. Mancher griechische und römische Ritus, der für sich betrachtet in seiner Bedeutung unklar bleibt, wird verständlich durch die Vergleichung mit den Bräuchen der Naturvölker und mit den Überbleibseln uralter Sitte, die sich bei den modernen Kulturvölkern erhalten haben. Wenn sich dabei überraschende Übereinstimmungen auch mit nicht stammverwandten Völkern herausstellen, mit Völkern, bei denen auch eine Zurückführung der Übereinstimmungen auf Entlehnung ausgeschlossen erscheint, so erklärt sich dies daraus, dass, wie zur Genüge feststeht, auch ohne jeden äusseren Zusammenhang der Völker aus der gleichen psychologischen Wurzel gleiche Vorstellungen und Bräuche hervorgegangen sind.

In den vorliegenden Untersuchungen über den Familienkult der Griechen und Römer sind in ausgedehntem Masse

Bräuche anderer Völker zur Vergleichung herangezogen. Vermutlich wird mir bei der Fülle des weit zerstreuten Materials aus dem Gebiete der Ethnologie und Volkskunde manches entgangen sein, was noch hätte verwertet werden können; ich hoffe indes, dass auch das Vorgebrachte genügen wird, die behandelten griechischen und römischen Riten zu erläutern und meine Auffassung derselben zu begründen.

Berlin, 27. Oktober 1901.

Dr. Ernst Samter

Oberlehrer am Sophien-Gymnasium.

I.

Wenn die griechische Braut am Hochzeitstage das Haus ihres Gatten betrat, so wurde sie mit diesem an den Herd geführt und hier mit Datteln, Feigen, Nüssen, kleinen Münzen u. a. überschüttet.[1]) Der gleiche Brauch — καταχύσματα nannten ihn die Griechen — findet sich

---

[1]) Harpokration ed. Dindorf p. 171, 11. ὅτι τῶν νεωνήτων οἱ δεσπόται τραγήματα κατέχεον Ἀριστοφάνης Πλούτῳ δηλοῖ· ὅτι δὲ καὶ τῶν ἀπὸ θεωρίας (epitom.; cod.: καθιερίας, καθιερείας, θερείας)‥‥ κατεχεῖτο δὲ καὶ τῶν νυμφίων, ὡς Θεόπομπος Ἡδυχάρει.

Schol. Aristoph. Plut. 768. τῶν γὰρ νεωνήτων δούλων τῶν πρώτως εἰσιόντων εἰς τὴν οἰκίαν ἢ ἁπλῶς τῶν ἐφ' ὧν οἰωνίσασθαί τι ἀγαθὸν ἐβούλοντο καὶ τοῦ νυμφίου παρὰ τὴν ἑστίαν τραγήματα κατέχεον εἰς σημεῖον εὐετηρίας, ὡς καὶ Θεόπομπός φησιν ἐν Ἡδυχάρει

φέρε σὺ τὰ καταχύσματα

ταχέως κατάχει τοῦ νυμφίου καὶ τῆς κόρης.

εὖ πάνυ λέγεις.

σύγκειται δὲ τὰ καταχύσματα ἀπὸ φοινίκων, κολλύβων, τρωγαλίων, ἰσχάδων καὶ καρύων, ἅπερ ἥρπαζον οἱ σύνδουλοι. κυρίως δὲ ἐλέγοντο, ὅτε δοῦλον ἠγόραζον· ἔφερον γὰρ αὐτὸν παρὰ τὴν ἑστίαν καὶ καθίζοντες κατὰ τῆς κεφαλῆς κατέχεον κόλλυβα καὶ ἰσχάδας καὶ φοίνικας καὶ τρωγάλια καὶ ἄλλα τραγήματα καὶ οἱ σύνδουλοι ταῦτα ἥρπαζον.

Hesych. καταχύσματα· τραγήματα· ἔθος γὰρ εἶχον κατὰ τῆς κεφαλῆς κάρυα καὶ ἰσχάδας καταχέειν τῶν νεωνήτων δούλων παρὰ τὴν ἑστίαν καθισάντων. κατεχεῖτο δὲ καὶ τοῦ νυμφίου. Athen. XIV, 642 d.

bei einer grossen Reihe von Völkern; gewöhnlich wird
das junge Paar und ebenso auch häufig das neugeborne
Kind mit Getreidekörnern überschüttet oder diese werden
im Hause umhergestreut. Wilhelm Mannhardt hat in
seinem Aufsatze „Kind und Korn"[1]) über den Brauch
ausführlich gehandelt und ein reiches Material zusammen-
gestellt. Er hat gezeigt, dass bei der Ceremonie der
καταχύσματα eine Parallelisierung der Fruchtbarkeit in
der Pflanzen- und Menschenwelt vorliegt, dass der Brauch
dem jungen Paare eine glückliche Nachkommenschaft
bringen[2]), dem Kinde ein glückliches Gedeihen verheissen
soll. Dass man diesen Gedanken bei der Vollziehung der
Ceremonie gehabt hat, geht aus mannigfachen Zeugnissen
hervor; dass aber Mannhardt mit seiner Deutung doch
nicht den ursprünglichen Sinn des Brauches getroffen hat,
ergiebt sich aus folgenden Erwägungen.

Ebenso wie Braut und Bräutigcm, wird auch der
neugekaufte Sklave an den Herd geführt und mit τραγήματα überschüttet[3]), und auch an dem wird der Brauch
vollzogen, der eine Festgesandtschaft übernimmt.[4])

---

[1]) Mannhardt, mythologische Forschungen S. 351 ff. Vgl. auch
L. v. Schroeder, Hochzeitsbräuche der Esten S. 112 ff. Winternitz,
Das altindische Hochzeitsrituell (Denkschrift der Wiener Akad. 1892),
S. 75 ff.

[2]) Auch die römische Sitte, Nüsse bei der Hochzeit auszu-
streuen, hat Mannhardt (a. a. O. S. 361) wohl mit Recht so gedeutet.

[3]) Schol. ad Hermogenem ed. Walz V, 529. Καταχύσματα ἐκά-
λουν οἱ Ἀττικοὶ τὰ τραγήματα, ἃ τοῖς νεωνήτοις ἀνδραπόδοις ἐπέχεον αἱ
δέσποιναι, πρὸς τῇ ἑστίᾳ καθιζομένοις εὔκαρπον αὐτοῖς τὴν κτῆσιν καὶ
ὀνήσιμον ἐπευχόμεναι γενέσθαι.

Demosthenes XLV, 74. αὐτὸς μὲν οὐκ ὤκνησε τὴν δέσποι-

Die καταχύσματα bei der Hochzeit sind demnach nur
ein einzelner Fall eines allgemeinen üblichen Brauches.
Eine Erklärung der Sitte darf sich daher nicht bloss auf
die Hochzeitsceremonien gründen, sondern muss alle uns
bekannten Anwendungen des Brauches in Betracht ziehen.
Da nun beim Sklaven und beim Gesandten die von Mannhardt aufgestellte Deutung der καταχύσματα als Sym-
bolisierung der Fruchtbarkeit nicht zutreffen kann, so
muss der ursprüngliche Sinn derselben ein anderer gewesen sein.

Eine Spur dieses ursprünglichen Sinnes finden wir
in folgenden Bräuchen. In Polen führte man die junge
Frau nach der kirchlichen Einsegnung dreimal um den
Kamin des Hauses, wusch ihr die Füsse, bestrich ihr nach
Besprengung des Brautbetts den Mund mit Honig¹) und
verband ihr die Augen mit einem Schleier. In diesem
Zustande führte man sie an alle Thüren des Hauses.
Bei jeder musste sie mit dem rechten Fusse auftreten,

ναν γῆμαι, καὶ ἢ τὰ καταχύσματ' αὐτοῦ κατέχεεν τόθ' ἡνίκ' ἐωνήθη,
ταύτῃ συνοικεῖ.

Pollux III, 77. τῷ ὠνηθέντι οἰκέτῃ τραγήματα κατέχεον, ἃ
ἐκαλεῖτο καταχύσματα. Harpokrat. a. a. O., Aristophanes Plut. 768
und Schol., Hesych. a. a. O. (s. oben S. 1, Anm. 1). Athen. IX,
407d. Anecdota Graeca ed. Bekker p. 269, 9.

⁴) So sind doch wohl die Worte des Harpokration a. a. O.
aufzufassen. — Auf eine ähnliche Art werden auch Altäre und
Götterbilder geweiht, durch Töpfe mit Hülsenfrüchten oder Weizen-
mehl. Schol. Aristoph. Plut. 1198. Aristoph. Frieden 923 und Schol.

¹) Über die Bedeutung des Honigs im Kulte spreche ich in
einem späteren Abschnitte.

wobei man Heu, Gerste, Korn, gemischt mit Erbsen, Bohnen und Linsen ausstreute[1]). In einem um 1530 verfassten Berichte über den Aberglauben der Sudaner, eines lettopreussischen Volksstammes im westlichen Samland, heisst es, man wasche der Braut die Füsse und besprenge Gäste, Brautbett, Vieh, Haus und Hausgerät mit dem Fusswasser. Dann binde man der Braut die Augen zu, beschmiere ihren Mund mit Honig und führe sie vor alle Thüren im Hause, und sie muss mit dem Fuss daran stossen. „Einer geht hernach mit einem sacke, darin ist allerlei samen, weitzen, rocken, gerste, hafer, leinsamen. Der sehet uber der Braut vor aller thuren und spricht: Unser götter werdens dir alle genüge geben, so du wirdest an unserem glauben bleiben unserer veter. Darnach thut man ihr das tuch von den augen."[2]) Aus der zweiten Erzählung sehen wir, dass die Ceremonie in Zusammenhang steht mit dem Glauben an die Götter der Väter, in beiden Berichten fällt es auf, dass der Braut die Augen verbunden werden. Offenbar soll sie, während die Früchte ausgestreut werden, irgend etwas nicht sehen, was hinter ihr ist.[3]) Wir werden dadurch an einen

---

[1]) Mannhardt a. a. O. S. 356.

[2]) Mannhardt a. a. O. S. 358. Hartknoch, Alt- und Neupreussen S. 179.

[3]) Aus einem ähnlichen Gedanken ist wohl auch ein Hochzeitsbrauch der Herzegowina zu erklären: die Schwiegermutter reicht im Hause des Gatten der jungen Frau einen Reuter (d. h. ein Getreidesieb) voll Frucht. Die Braut streut die Frucht ringsum und wirft zuletzt den leeren Reuter über den Kopf hinter sich (Krauss, Sitte und Brauch der Südslaven S. 430). Ähnliche Bräuche bestehen bei den Slowenen in Krain und bei den Serben. Bei den ersteren

römischen Brauch erinnert. An den Lemurien streut der
Hausherr den Geistern der Ahnen, die sein Haus besuchen,
neunmal schwarze Bohnen aus, — mit abgewandtem Gesicht, um ihren Anblick zu vermeiden.[1]) Die Analogie
dieser römischen Ceremonie legt die Vermutung nahe,
dass auch in den beiden eben erwähnten Bräuchen das
Ausstreuen der Körner ein Opfer an irgend welche Götter
oder Geister darstellt, deren Anblick die Braut vermeiden
soll; ebenso müssten dann natürlich auch alle andern
Fälle der καταχύσματα aufgefasst werden, da sie, abgesehen davon, dass das Augenverbinden nicht berichtet
wird, mit der polnischen und samländischen Sitte ganz
identisch sind. Bestätigt wird diese Vermutung durch
einen Bericht aus Oberägypten, der auch von Mannhardt
angeführt wird. Am Morgen des siebenten Tages nach
der Geburt wird das Kind auf einem Siebe in Procession
im ganzen Hause umhergetragen, während die Hebamme

---

reicht die Schwiegermutter der Braut einen Korb mit Getreide oder
Früchten, dessen Inhalt diese handvollweise hinter sich wirft (Reinsberg-Düringsfeld, Hochzeitsbuch S. 88). Bei den Serben wird der
Braut vor dem Gehöfte des Gatten ein Sieb mit allerlei Getreide
dargeboten, sie nimmt einige Hände voll heraus und wirft sie über
sich weg, also doch wohl auch, ohne nach der Stelle zu sehen, auf
die sie die Körner hinwirft (Reinsberg-Düringsfeld a. a. O. S. 66).
Über die Bedeutung des Siebes ist weiter unten zu sprechen.

[1]) Ovid, fast. V, 435 ff. Der römischen Ceremonie verwandt
ist ein aus dem 17. Jahrhundert berichteter neugriechischer Brauch:
am Morgen des Neujahrstages wandelt der Hausherr dreimal im
ganzen Hause herum, Früchte und Backwerk darin ausstreuend
(Wachsmuth, Das alte Griechenland im neuen, S. 94, Anm.). In
bezug auf das Abwenden der Augen vgl. Rohde, Psyche II, 85, 2.
Crusius, Rhein. Mus. 1884, 165, 2.

Weizen, Gerste, Erbsen und Salz ausstreut, wie sie sagt, als
Schutz gegen böse Zauber, zum Futter für böse Geister.¹)
Eine weitere Bestätigung des eben Ausgeführten und eine
deutliche Widerlegung der Mannhardtschen Auffassung giebt
ein in den griechisch-albanesischen Kolonien Siciliens
üblicher Brauch. Wenn das Kind von der Taufe aus
der Kirche nach Hause gebracht ist, tritt eine Frau, meist
die Hebamme, aus dem Hause und wirft geröstete Erbsen

---

¹) Mannhardt a. a. O. S. 367. Bei einer ähnlichen Ceremonie
der christlichen Kopten wirft die Hebamme den Anwesenden Körner
ins Gesicht, wobei sie Töne von sich stösst, welche dem Glucksen
eines Huhnes ähnlich sind (Mannhardt a. a. O.). Was der letztere selt-
same Gebrauch zu bedeuten hat, lernen wir aus den Mitteilungen,
die Wilken (het animisme bij de volken van den indischen Archipel)
in „De indische Gids" 1884, I, 943 ff. macht. Auf den Sundainseln
streut man Reiskörner auf den Kopf einer Person, die man von
bösen Geistern bedroht glaubt; dies geschieht bei Leuten, die einer
grossen Gefahr entgangen sind oder unerwartet heimkehren, nachdem sie verloren geglaubt waren, bei der Bewillkommnung hoch-
gestellter Personen, beim Bräutigam am Hochzeitstage, beim Kinde,
wenn es zum ersten Male auf den Boden gesetzt wird, bei Leuten,
die einem Begräbnisse beigewohnt haben. Vielfach lässt dabei die
den Reis streuende Person einen Ruf hören, mit dem man sonst
Hühner lockt. Diesem Brauche liegt der Glaube zu Grunde, dass
die Seele des Betreffenden in Gefahr ist, von bösen Geistern ent-
führt zu werden; durch die Lockrufe und den ausgestreuten Reis
sucht man sie zurückzuhalten, indem man sich die Seele offenbar
in Gestalt eines Vogels denkt. Aus einer ähnlichen Vorstellung
erklärt sich jedenfalls auch der oben angeführte koptische Brauch.
Dass man indessen hier die Körner nicht nur ausstreut, um die
Seelen der Anwesenden festzuhalten, sondern auch als Opfergabe
für die Geister, ergiebt sich daraus, dass die Hebamme die Früchte
nicht nur den Anwesenden ins Gesicht wirft, sondern auch im
Hause umherstreut, sowie auch aus der ausdrücklichen Bemerkung,
dass sie zum Futter für die Geister dienen sollen.

auf die Strasse.¹) Sollte hier das Ausstreuen der Erbsen
nur das Gedeihen des Kindes symbolisieren, so müsste
man mit den Früchten doch entweder das Kind selbst
überschütten oder sie wenigstens in den Räumen ausstreuen,
in denen sich dieses befindet. Statt dessen wirft man
aber die Erbsen auf die Strasse, augenscheinlich, damit
die Geister, durch die Gabe abgefunden, das Haus nicht
betreten.²) Der gleiche Gedanke liegt vermutlich einem
oldenburgischen Brauche zu Grunde: man streut unter
den Sarg Roggenkörner, ursprünglich wohl als eine Gabe
für den Toten, um die Wiederkehr der Seele zu hindern.³)
Als Totenopfer finden wir eine Art καταχύσματα auch in
einem von Rochholtz (Das Allerseelenbrot, Germania 11,
S. 16) angeführten Brauche. „Wollte ehedem der Erbe
seines verstorbenen Freundes Sünden büssen, so über-
schüttete er dessen Grab mit einem Haufen Kornes, bis
Grabhügel oder Grabstein davon ausgeebnet oder überdeckt war, und gab diesen Kornberg öffentlich preis.“
Auf Grund der dargelegten Erwägungen und Analogien
sind wir zu der Annahme berechtigt, dass die griechischen

¹) Für die Frage „wann wird die Frau entbunden werden?“
braucht man im Hinblick auf diese Sitte den Ausdruck „quando
faremo li ceci?“, für die bevorstehende Entbindung ist die Wendung
üblich: „vogliamo far li ceci“. Pitrè, usi natalizi, nuziali e funebri
del popolo siciliano (Palermo 1879), p. 36.
²) Über die Bräuche, durch die man die Seelen, nachdem
ihnen ein Opfer dargebracht, zu entfernen sucht, vgl. Rohde,
Psyche I, 239, 1, Oldenberg, Religion des Veda S. 553, Lippert,
Religion der europ. Culturvölker S. 71.
³) Wuttke, Der deutsche Volksaberglaube der Gegenwart³ S. 461.
Lippert, Christentum, Volksglaube und Volksbrauch S. 388.

καταχύσματα gleich dem Bohnenopfer an den römischen
Lemurien ein Sühnopfer sind, durch das man ein schäd-
liches Wirken mächtiger Geister abwehren und sie versöhnen will.[1])

Wir müssen daher nun die Frage aufwerfen, weshalb
denn bei den oben angeführten Gelegenheiten ein solches
Sühnopfer erfordert wird. Was ist zunächst das Gemein-
same bei der Hochzeit, der Aufnahme eines neuen Sklaven,
der Geburt eines Kindes und endlich dem Antritt
einer Festgesandtschaft? In letzterem Falle wird der
θεωρός in ein religiöses Amt eingeführt, er wird dazu
geweiht, aber auch in allen andern erwähnten Fällen findet
eine Einweihung statt: es wird jemand in die religiöse
Gemeinschaft der Familie als neues Mitglied aufgenommen.
Weshalb aber ist dabei ein Sühnopfer an die Hausgötter,
die am Herde verehrt werden, nötig?

Bei dem Volke der Laos muss der Hausherr, bevor
er einem Fremden Gastfreundschaft gewährt, den Geistern
der Vorfahren opfern, sonst sind diese beleidigt und senden
Krankheit über die Bewohner des Hauses.[2]) Hier ist der
Gedanke, dass die Schutzgötter der Familie nur die Angehörigen derselben beschirmen und über jeden fremden
Eindringling erzürnt sind, am extremsten durchgeführt.
So weit gingen anscheinend der Grieche und Römer nicht;
wo aber eine Person in engere Beziehung zum Hause

---

[1]) Als einen Sühnritus lernen wir einen verwandten Brauch
auch aus dem Fragmente des Menander bei Clem. Alex. Strom. VII,
4, 27 kennen. Vergl. auch Aristoph., Frieden 961 f.

[2]) Frazer, The golden bough I, 152 (= 2. Aufl. I, 300).

und seinem Kulte tritt, da hält auch er eine Sühnung
für die Aufnahme der Fremden für erforderlich. Fustel
de Coulanges hat in seinem Buche „La cité antique", in
dem er zwar oft etwas phantasievoll konstruiert, aber
doch auch vielfach intuitiv das Richtige getroffen hat,
den Gedanken ausgesprochen, dass die Ceremonien bei
der Hochzeit, der Geburt, bei der Adoption, der Aufnahme
eines neuen Sklaven Einweihungsriten sind, durch die
das neue Mitglied in den Kult des Hauses eingeführt
wird.[1]) Er hat indess diesen Gedanken, wie das Meiste
in seinem Buche, als richtig vorausgesetzt, ohne ihn durch
eingehende Erörterung genügend zu begründen. Lippert,
der in bezug auf verwandte Bräuche bei verschiedenen
Völkern die gleiche Auffassung vertritt[2]), hat die griechisch-
römischen Riten nicht ausführlich genug im Zusammenhange behandelt und genügt auch in seinen Darlegungen
nicht den Anforderungen philologischer Methode. Seine
Schriften sind wertvoll durch die Fülle der von ihm ge-
sammelten Bräuche der verschiedensten Völker und auch
durch mancherlei anregende Gedanken, sie sind aber nur
mit grosser Vorsicht zu benutzen, weil er, hauptsächlich
infolge seines einseitigen Bestrebens, alle Religion auf
den Totenkult zurückzuführen, besonnene Kritik in der

---

[1]) a. a. O. S. 41 ff., 54, 56, 127. Vgl. Anrich, Das antike
Mysterienwesen in seinem Einfluss auf das Christentum S. 8 und
233. Anrich stimmt Fustel de Coulanges' Ansicht bei und betont
die Verwandtschaft der Hochzeits- und Mysterienriten (vgl. Diels,
Sibyll. Blätter S. 48). Auf letzteren Punkt gehe ich später noch
näher ein. Vgl. auch Schurtz, Urgeschichte der Kultur S. 195 f.

[2]) Vgl. Lippert, Kulturgeschichte.

Verwertung des angeführten Materials vermissen lässt.
Wie ich glaube, lässt sich jedoch die Richtigkeit der von
Fustel de Coulange und Lippert aufgestellten Ansicht
durch genauere Untersuchungen sicher erweisen, haupt-
sächlich dadurch, dass die enge Uebereinstimmung aller
Bräuche dargelegt wird, durch die bei Griechen und
Römern ein neues Mitglied in die Kultgemeinschaft der
Familie oder des Geschlechtes aufgenommen wird. Zur
Erläuterung müssen dabei in ausgedehntem Masse die
Sitten andrer Völker herangezogen werden, aus denen
über die ursprüngliche Bedeutung der griechisch-römischen
Einweihungsbräuche mancherlei Aufschluss zu gewinnen
ist. Zum Ausgangspunkte der folgenden Darlegungen
sind die römischen Hochzeitsbräuche genommen.
Bevor ich jedoch in ihre Erörterung eintrete, muss
ich, um etwaigen Einwendungen im Voraus zu begegnen, noch einige allgemeinere Bemerkungen voraus-
schicken.

In dem vorher angeführten Berichte von den Laos
wird ausdrücklich gesagt, dass die Götter, denen man
wegen der Aufnahme eines Fremden in die Familie ein
Sühnopfer schuldet, die Ahnengeister sind. In Griechenland finden wir in historischer Zeit nicht mehr die Seelen
der Ahnen als Hausgötter am Herde verehrt.[1] Dass
aber auch hier einst der häusliche Kult sich an die
Seelen der Verstorbenen richtete, diese Annahme wird,
nach den vorsichtigen Darlegungen von Erwin Rohde[2],

[1] Rohde, Psyche I, 254, 1.
[2] a. a. O. I, 253 ff.

wohl keinem Widerspruche mehr begegnen.[1]) Dass auch
der römische Larendienst, wie früher allgemein angenommen, aus dem Seelen- oder Ahnenkulte hervorgegangen
ist, halte ich, wie ich im Anhange zu zeigen versucht
habe, trotz Wissowas Einwendungen[2]) noch immer für
wahrscheinlich. Wenn aber auch der Seelenkult, wie
es scheint, der Ausgangspunkt des häuslichen Kultes gewesen ist, so ist dies bei den Römern wie bei den Griechen
und andern Völkern in Vergessenheit geraten; man wendet
sich — von einigen wenigen Fällen abgesehen, in denen
sich der alte Glaube erhalten hat — nicht an die Ahnen,
sondern an die Hausgötter, ohne sich über deren Wesen
nähere Rechenschaft abzulegen. In den folgenden Ab-
schriften habe ich daher den Ausdruck „Seelenkult" in
der Regel vermieden und nur vom Dienste der Hausgötter
gesprochen.

Die Annahme, dass neben den andern hierher gehörigen Ceremonien auch die Hochzeitsriten sich an die
Götter der Familie wenden, scheint nicht im Einklange
damit zu stehen, dass, wie mehrfach mit Recht betont
worden[3]), die Hochzeitsbräuche bei den Griechen wie
bei den Römern, sich an die Erdgottheiten wenden.
Dieser Widerspruch ist aber nur ein scheinbarer. Er
löst sich unter der eben ausgesprochenen Voraussetzung,

---

[1]) Useners Einwendungen gegen die Theorie des Animismus
(Götternamen S. 253 f.) richten sich doch nur gegen die Übertrei-
bung, unterschiedslos alle Religion aus dem Seelenkulte herzuleiten.

[2]) Roschers Lex. unter *Lares*.

[3]) Rossbach, Untersuchungen über die römische Ehe S. 257.
Diels, Sibyll. Blätter S. 48.

dass der Kult des Herdes ursprünglich den Ahnen der
Familie galt. Denn der Totenkult ist mit dem Kulte
der chthonischen Gottheiten, in deren Kreis die Toten ja
eintreten, aufs engste verknüpft, so dass vielfach eine
scharfe Scheidung ganz unmöglich ist. Die Opfergrube
in Rom z. B., die den Manen geweiht ist und durch
welche die Toten in die Oberwelt hinaufsteigen, heisst
mundus Cereris[1]), gilt also gleichzeitig dem Kulte der
Erdgöttin. Um der Toten willen bringt man der Ceres
ein Schweinopfer dar, bei der Bestattung die *porca prae-
sentanea*, vor der Ernte, wegen etwaiger Versäumnisse
gegen die Toten, die *porca praecidanea*[2]). Aus diesem
engen Zusammenhange zwischen der Verehrung der Toten
und dem Kulte der Erdgottheiten erklärt es sich leicht,
dass in späterer Zeit, als der Totenkult in den Hinter-
grund trat, die Riten, die man den unterirdischen Mächten
weihte, sich statt an die Toten an die Erdgottheiten
wandten.

Wie im Eingange erwähnt, gelten die καταχύσματα,
deren ursprüngliche Bedeutung als Sühnopfer wir in den
vorhergehenden Darlegungen kennen lernten, vielfach als
ein Symbol der Fruchtbarkeit. Wie diese Auffassung
entstehen konnte, begreift man leicht, wenn man erwägt,
dass die καταχύσματα sich an die in der Erdtiefe hausenden
Mächte richteten: eben dieselben Mächte, denen man das
Fruchtopfer darbringt, senden ja die Fruchtbarkeit bei

.[1]) Preller-Jordan, Römische Mythologie II, 67.
[2]) a. a. O. II, 7 f.

Pflanzen und Menschen[1]). Dies thun nicht nur die Erd-
gotttheiten, sondern, wie Erwin Rohde (Psyche I, 247)
richtig hervorhebt, auch die Toten selbst[2]). Auch die

---

[1]) Als Dankopfer für den Erntesegen finden wir die καταχύσματα im neuen Griechenland. Wie O. Schmidt (Volksleben der
Neugriechen S. 57) berichtet, brachten die Landleute in Zakynthos
besonders an den kirchlichen Festen, die in die Fruchternte fallen
oder unmittelbar darauf folgen, in der Kirche die sogenannten
σπερνά (= ἑσπερινά, für die Vespermesse bestimmt) dar, ein Gemisch
von Weizen, Korinthen, Granatäpfelstückchen u. a. Im Verlaufe
der Messe segnete der Priester die σπερνά, die sich in einem Korbe
auf einem Gestell in der Mitte der Kirche befanden, und nach Be-
endigung derselben streute er einen Teil der Speise in den
Altarraum. Das Übrige wurde von einem der Bauern unter die
Anwesenden ausgeteilt. Eine ähnliche Speise, die sogenannten
Kolyba, in Wasser aufgekochte Weizenkörner, in der Regel noch
mit andern Früchten u. a. untermischt, bereitete man in andern
Teilen Griechenlands ausser an Festtagen bei Leichenbegäng-
nissen und an Gedächtnistagen Verstorbener. — Erwähnt
sei hier noch ein bayrischer Brauch, nach dem, wie in Zakynthos,
eine Art καταχύσματα in der Kirche dargebracht wird: in der Char-
woche überschüttet der Bauer im Innthal das im Kirchenschiff zur
Verehrung ausgelegte Crucifix mit Mais, in Altbayern mit Korn.
Die dabei im Kirchenschiff aufgeschüttete Fruchtmasse verbleibt
entweder der Kirchenstiftung oder wird zur Pfarrer- und Küster-
besoldung geschlagen (Rochholz, Das Allerseelenbrot, in Pfeiffers
Germania 11, S. 16).

[2]) Bemerkt sei hier noch, dass die Toten auch Regen senden.
Der *lapis manalis* an der *porta Capena* (Marquardt, Römische Sacral-
altertümer S. 261), den die Pontifices bei grosser Trockenheit in
die Stadt führen, kann, wie E. Hoffmann (Rheinisches Mus. 1895,
484) richtig gesehen, unmöglich von dem andern *lapis manalis*, der
den *mundus* verschliesst, getrennt werden. Hoffmann bezeichnet
den Stein an der *porta Capena* als ein Symbol der Manen. Der —
später anscheinend vergessene — Zusammenhang ist aber möglicher
Weise dieser. An der *porta Capena* gab es vielleicht eine ähnliche
Opfergrube, wie der *mundus* auf dem Palatin war. Nimmt man den Stein,

Eumeniden, die Fruchtbarkeit und Misswachs senden
können[1]), sind ja eigentlich mit den Seelen identisch[2]),
ihnen opfert man vor der Hochzeit πρὸ παίδων καὶ γαμη-
λίου τέλους (Aeschylus, Eumeniden 821), und auch zu den
τριτοπάτορες, die, wie Erwin Rohde[3]) dargelegt, nichts
andres sind als die Seele der Ahnen, fleht man in Attika
bei der Eheschliessung um Kindersegen[4]).

II.

Die römische Braut wird beim ersten Betreten des
Hauses ihres Gatten *aqua et igni*, mit Feuer und Wasser
empfangen[5]). Wie diese vollzogen wurde, ist im einzelnen

der sie verschloss, fort, so ist die Pforte zur Unterwelt offen
(*mundus patet*) und das Wirken der Seelen, die nun in die Oberwelt
emporsteigen können, unbehinderter; sie bringen dann den erflehten
Regen. Die alten Inder erflehten von den Toten Regen (Oldenberg,
Religion des Veda S. 566), ebenso wenden sich neuere Naturvölker
an die Seelen der Verstorbenen, um Regen zu erlangen. Bei den
Wawika in Afrika betet man in der „Kaia", dem Mittelpunkte der
Ansiedlung, wo die Toten begraben werden, zugleich um Ruhe für
die Toten, um Heilung der Kranken und um baldigen Regen
(Schneider, Religion der afrikanischen Naturvölker S. 158). In
einigen Teilen von Westafrika wird der König, wenn er trotz Bitten
und Geschenken keinen Regen schafft, gebunden und zum Grabe
seiner Vorfahren geführt, um von ihnen den Regen zu erlangen
(Frazer, The golden bough I, 46 = 2. Aufl. I, 157) Vgl. Schurtz
a. a. O. S. 599.

[1]) Rohde, Rhein. Mus. 1895, 21.
[2]) Rohde, Psyche I, 270; Rhein. Mus. 1895, 6 ff.
[3]) Rohde, Psyche I, 247.
[4]) Suid., Phot. s. v. τριτοπάτορες. — Vgl. auch Oldenberg,
Religion des Veda S. 567.
[5]) Varro de l. L. V, 61. *Duplex causa nascendi ignis et aqua.*
Ideo ea nuptiis in limine adhibentur, quod coniungitur hic. Fest. epit. 2, 15.

nicht sicher [1]). Nach Fest. p. 87, 11 wurde die Braut mit Wasser besprengt [2]), nach Plutarch berührte sie Feuer und Wasser [3]); in alten Zeiten wurden ihr mit dem von einem Kinde, das noch beide Eltern besitzt, an einer

---

Aqua et igni tam interdici solet damnatis quam accipiuntur nuptae. Novius ap. Non. p. 516, 19. *sequere me! Puriter volo facias accipei hunc igni adque aqua.* Digest. 24, 1, 66. *die nuptiarum, priusquam* (virgo) *ad eum transiret et priusquam aqua et igni acciperetur i. e. nuptiae celebrentur.* Interpol. Serv. ad Verg. Aen. IV, 103. Lactant. instit. II, 9, 21. Ovid. fast. IV, 791. Stat. Silv. I, 2, 5. Valer. Flaccus Arg. 8, 245. — Da ich keine zusammenhängende Darstellung der Hochzeitsbräuche geben will, sondern nur die Riten bespreche, die für meine Untersuchung von Bedeutung sind, so halte ich mich auch nicht streng an die Reihenfolge der einzelnen Ceremonien und erörtere daher einen dem *aqua et igni accipere* vorangehenden Ritus erst an einer späteren Stelle in anderem Zusammenhange.

[1]) Nach Varros Angabe geschah dieses *accipere* auf der Schwelle des Hauses. Rossbach (Untersuchungen über die römische Ehe S. 361) versteht (unter Berufung anf die Worte des Servius zu Verg. Georg. 2, 504: *limina autem ait interiorem familiaritatem*) unter *limen* nicht die eigentliche Thürschwelle, sondern den Platz im Innern des Hauses, welcher dieser am nächsten ist, den vordern Teil des Atriums. Sicher ist diese Annahme aber keineswegs. Es liegt meines Erachtens kein Grund vor, hier unter *limen* etwas anderes zu verstehen als sonst. Es ist ja sehr natürlich, dass gleich an der Schwelle der Wohnung der Empfang mit Feuer und Wasser erfolgte, wie auch noch eine andere Ceremonie bei den Römern wie auch bei andern Völkern hier stattfand (vgl. unten den 6. Abschnitt). Dass sich freilich nicht die ganze Ceremonie *in limine* abspielte, sondern sich im Innern des Hauses, am Herde, fortsetzte, wird sich gleich nachher ergeben.

[2]) *Facem in nuptiis in honorem Cereris praeferebant; aqua aspergebatur nova, sive ut casta puraque ad virum veniret, sive ut ignem atque aquam cum viro communicaret.*

[3]) Plutarch. quaest. Rom. 1 τὴν γαμουμένην ἅπτεσθαι πυρὸς καὶ ὕδατος κελεύουσιν.

reinen Quelle geholten Wasser die Füsse gewaschen[1]). Unklar sind für uns besonders die beiden folgenden Varro-citate bei Nonius.

Non. p. 112, 23. *Cum a nova nupta ignis in face adferretur, foco eius sumptus, cum fax ex spinu* (cod.: *pinu) alba esset, ut eam puer ingenuus adferret.*

Non. p. 302,6 (= 182,19). *Contra [a] novo marito, cum item e foco in titione ex felici arbore et in aquali aqua allata esset.*

Die in der ersten Stelle genannte Fackel identificiert Rossbach[2]) wohl mit Recht mit der Weissdornfackel, die bei dem Hochzeitszuge, der *deductio*, von einem *puer ingenuus* vorgetragen wurde[3]). Man muss dann annehmen, dass die Braut an dem Herde des Elternhauses eine Fackel entzündet und sie dem *puer ingenuus* reicht; dieser trägt sie bis zu dem Hause des Gatten, wo sie bei der Ceremonie an der Schwelle Verwendung findet[4]). Nicht richtig ist

---

[1]) Serv. Verg. Aen. IV, 167. *Varro dicit: aqua et igni mariti uxores accipiebant: unde hodieque et faces praelucent et aqua petita de puro fonte [per felicissimum puerum aliquem aut puellam] interest nuptiis, [de qua nubentibus solebant pedes lavari].* Vgl. den im ersten Abschnitte (S. 3 f.) angeführten polnischen und samländischen Brauch.

[2]) Untersuchungen über die römische Ehe S. 362 f.

[3]) Fest. p. 245 a, 1 (= Paul. p. 244). *Patrimi et matrimi pueri praetextati tres nubentem deducunt; unus qui facem praefert ex spina alba, quia noctu nubebant; duo, qui tenent nubentem.* Charisius 1, p. 144, 21 Keil. *Varro in Aetiis: fax ex spinu alba praefertur, quod purgationis causa adhibetur.* Vgl. Plin. n. h. 16, 75.

[4]) In Widerspruch mit dieser Auffassung Rossbachs steht es übrigens, wenn er S. 339 bemerkt: „War der Zug an dem Hause des Bräutigams angekommen, so entstand unter dem Gefolge ein Kampf um die Dornenfackel." Der Kampf muss sich vielmehr im

dagegen Marquardts[1]) Annahme, dass Braut und Bräutigam gemeinsam das neue Herdfeuer entzünden. Denn
in dem zweiten Varrocitate bei Nonius kann unter
focus nur der Herd des Bräutigams verstanden sein;
dass etwa auch letzterer eine brennende *titio* aus
dem Hause der Braut mitbringt und somit das Herdfeuer des jungen Paares ganz aus dem Feuer des Braut-
vaters entnommen wäre, ist ganz undenkbar, würde
doch damit der neue Herdkult in eine Beziehung zu
dem Herdkulte der Eltern der Braut gesetzt sein, die
den thatsächlichen Verhältnissen ganz widerspräche[2]):
die Braut scheidet durch die Hochzeit, wie nachher
noch näher zu erörtern, aus dem Kulte ihrer Eltern
gänzlich aus. Das Herdfeuer im Hause des Bräutigams
brennt vielmehr schon, wie man wohl aus der zweiten
Noniusstelle entnehmen darf, wenn die Braut das Haus
betritt, der Bräutigam entzündet einen Brand daran[3]),

Innern des Hauses abgespielt haben. Sehr auffallend ist es, dass
in den beiden Stellen, an denen von diesem Kampfe gesprochen
wird, nur die Verwendung der Weissdornfackel bei der *deductio*,
nicht eine weitere Verwendung beim *aqua et igni accipere* erwähnt
wird. Fest. p. 289 a, 7. *Rapi solet fax, qua praelucente nova nupta de-
ducta est, ab utriusque amicis, ne aut uxor eam sub lecto viri ea nocte
ponat aut vir in sepulcro comburendam curet, quo utroque mors propin-
qua alterius utrius captari putatur.* Serv. Verg. eclog. 8, 29. *faces]
quae solent praeire nubentes puellas — — [quas rapiunt tamquam
vitae praesidia; namque his qui sunt potiti diutius feruntur vixisse].*

1) Privatleben der Römer S. 56 Anm. 3.

2) Es würde ja dann auch gar kein *accipere igni* stattfinden.

3) Die ganze Ceremonie kann also nicht *in limine* stattgefunden haben.

und mit den an den beiden Herden entzündeten Fackeln[1]) wird dann irgend eine Ceremonie vollzogen, bei der auch das Wasser irgendwie zur Verwendung kam. Vielleicht wurde, um die Loslösung der Braut von dem Herdkulte ihres Elternhauses zu symbolisieren, die an dem väterlichen Herdfeuer entzündete Fackel in dem Quellwasser verlöscht und dann die Braut mit der am Herde des Bräutigams angezündeten Fackel berührt und mit dem Wasser besprengt[2]).

In welcher Weise aber auch das *aqua et igni accipere* stattgefunden hat, die Bedeutung des Brauches ist klar. „ἐπὶ κοινωνίᾳ πυρὸς καὶ ὕδατος;" (Dionys. II, 30) wird er vollzogen, die Frau wird durch die Ceremonie in den häuslichen Kult eingeweiht, an dem sie von nun an teil hat (vgl. Rossbach a. a. O. S. 364)[3]).

An der Schwelle des Hauses begann bei der Ein-

---

[1]) Die Angabe Varros (bei Plutarch, quaest. Rom. 2), dass bei der Hochzeit fünf Fackeln verwendet und diese bei den Ädilen angezündet wurden, kann sich daher nicht, wie Rossbach a. a. O. S. 366 für möglich hält, auf die bei dieser Ceremonie verwendeten Fackeln beziehen. Wie diese Nachricht zu verstehen ist, vermag ich nicht anzugeben.

[2]) Dass die oben ausgesprochene Vermutung keineswegs sicher, ist mir natürlich wohl bewusst. Etwas abweichend Bergk im Philologus XI, 385: „Die Aufnahme der Braut in die Familiengemeinschaft bestand darin, dass man die Hochzeitsfackel aus Weissdorn und einen Feuerbrand vom Herde des Bräutigams in reines Quellwasser tauchte und mit dem so geweihten Wasser die Braut besprengte."

[3]) Vgl. Seneca controvers. VII, 6, 8. *habeamus generum, si possumus parem vel similem; si minus, non est erubescendum, cui cognatus sit aliquis, cui sacra aliqua et penetralia, in quae deducatur uxor.*

führung der Braut die Ceremonie des *aqua et igni accipere*, am Herde wurde sie fortgesetzt. Am Herde folgte eine zweite Ceremonie, bei welcher der Sinn dieser Riten noch deutlicher hervortritt.

Die römische Braut brachte in das Haus des Gatten drei As mit. Den einen, den sie in der Hand hielt, übergab sie dem Manne *tanquam emendi causa*; den zweiten, den sie unter dem Fusse oder am Fusse hatte, legte sie auf dem Herde als dem Altare der Laren nieder. Den dritten endlich, den sie in einer Tasche trug, liess sie an dem benachbarten Kreuzwege erklingen.[1])

Welche Bewandtnis es mit dem ersten As hat, lasse ich unerörtert[2]), da dies mit unserer Untersuchung nicht in näherem Zusammenhang steht.[3]) Die beiden anderen Asse sind zweifellos, wie Rossbach a. a. O. S. 374ff. gesehen, als Opfergaben aufzufassen. Den zweiten As opfert die Braut am Herde, um damit den Schutz der an diesen verehrten Laren, denen sie bisher fremd war, zu erwerben. Dieses Opfer am Herde entspricht ganz dem Opfer, das bei den Griechen, wie im ersten Abschnitte dargelegt, am Herde durch die καταχύσματα dargebracht wurde.

---

[1]) Non. p. 531, 8. *nubentes veteri lege Romana asses tres ad maritum venientes solere pervehere atque unum, quem in manu tenerent, tanquam emendi causa marito dare, alium, quem in pede haberent, in foco Larium familiarium ponere, tertium, quem in sacciperione condidissent, compito vicinali solere resonare. Inde Verg. Georg. l. I: „Teque sibi generum Tethys emat omnibus undis." Quos ritus Varro lib. I de vita pop. Rom. diligentissime percucurrit.*

[2]) Hoelder, Röm. Ehe S. 21. 44. Rossbach a. a. O. S. 376.

[3]) Ebenso muss ich es unerklärt lassen, warum und wie die Braut das zweite Geldstück *in pede* hat.

Die Sitte, die Braut zuerst an den Herd zu führen, beschränkt sich nicht auf Griechen und Römer, sondern sie findet sich noch bei mannigfachen Völkern, und zwar vielfach auch in Verbindung mit einem Opfer am Herde. Rossbachs Erklärung des römischen Brauches wird daher durch die im folgenden angeführten Analogien noch bestätigt.

Bei den Indern wurde die Braut im Hause des Gatten von einem Freunde mit einer vollen Schale empfangen und dreimal ums Feuer geführt.[1]) In der Mark trug der Bräutigam die Braut ins Haus, zur grossen Diele (dem Raume, in dem sich die Ställe, die Kammern der Knechte und Mägde und der Herd befinden), wo er mit ihr dreimal den Kesselhaken am Herde umwandelt.[2]) In Westfalen wurde die Braut auf einem Sessel ins Haus und dreimal um den Herd getragen.[3]) Im Saterlande (in Oldenburg) gab man der Braut eine Kelle in die Hand und führte sie darauf dreimal um das Herdfeuer.[4]) In der Eifelgegend wurde die junge Frau in die Haushaltung eingeführt, indem man die „Feuerhahl" (d. h. den Kesselhaken) hervorzog, sie um dieselbe leitete und ihr den Kochlöffel anhängte.[5]) Wenn in Bockum bei Kaisers-

---

[1]) Haas in Webers indischen Studien V, 896. Vgl. auch Schrader, Reallexikon der indogerman. Altertumskunde S. 356.

[2]) Kuhn, Märkische Sagen S. 361.

[3]) Montanus, Die deutschen Volksfeste S. 85. Vgl. Kuhn, Sagen, Gebräuche und Märchen aus Westfalen II, 37, 104 ff.

[4]) Schwartz und Kuhn, Norddeutsche Sagen, Märchen und Gebräuche S. 433.

[5]) Schmitz, Sitten und Gebräuche des Eifler Volkes S. 67.

werth die junge Frau ins Haus des Bräutigams gebracht
wird, dann führt man sie zuerst herum und setzt sie
dann auf einen Stuhl, unter dem man eine Schaufel
glühender Kohlen hindurchwirft[1]) — jedenfalls ein Ersatz
für die Ceremonie am Herde. Die polnische Sitte, die
Braut dreimal um den Kamin im Hause ihres Mannes
zu führen, ist schon im ersten Abschnitte (S. 3) angeführt
worden. Bei den Osseten, einem kaukasischen Bergvolke,
war das dreimalige Herumführen der Braut um den
Herd früher — noch im Jahre 1860 — allgemein üblich.[2])
In Kroatien führt sie ebenfalls der Brautführer dreimal
um den Herd, auf dem ein Feuer brennt[3]), ebenso umwandelt sie in Serbien diesen dreimal.[4]) In der Herzegowina geht die Braut gerade auf den Herd los, auf
dem ein Sack mit Frucht steht, sie setzt sich auf diesen
und schürt das Feuer.[5]) Besonders hervorgehoben zu
werden verdient ein Brauch der Oberpahlenschen Esten:
die junge Frau wird nach der Ankunft im neuen Hause
mit verbundenen Augen vor den Ofen geführt, in
welchen sie einige Scheite Holz hineinwerfen muss.[6])
Das Verbinden der Augen ist hier jedenfalls ebenso zu
erklären wie in den im ersten Abschnitt erwähnten Fällen.

---

[1]) Schell, Zeitschrift des Vereins für Volkskunde 1900, S. 430.

[2]) L. v. Schroeder, Hochzeitsbräuche der Esten S. 129.

[3]) Krauss, Sitte und Brauch der Südslaven S. 386.

[4]) Krauss a. a. O. 436.

[5]) a. a. O. 430. Nach Lilek, Familien- und Volksleben in
Bosnien und der Herzegowina (Ztschr. f. österr. Volkskunde 1900
165) geht die Braut, wenn sie in das Haus des Bräutigams eintritt,
dreimal um den Herd und opfert dort.

[6]) v. Schroeder a. a. O. S. 140.

In manchem der erwähnten Beispiele ist der ursprüngliche Sinn des Brauches natürlich längst geschwunden; das Überreichen des Kochlöffels oder der Kelle zeigt, dass, wie Lippert[1]) richtig bemerkt, aus dem Sühnritus, der sich an die am Herde verehrten Hausgötter richtet, aus der Einführung in den Hauskult eine Einführung in das Küchenamt geworden ist. In einigen anderen Fällen hat sich aber noch eine deutlichere Spur des ursprünglichen Sinnes erhalten, die über diese ursprüngliche Bedeutung keinen Zweifel lässt. Aus einer Gegend der Herzegowina, aus Ljubow im Bezirke Trebinje, wird berichtet, dass die Braut sich vor der Hausschwelle dreimal verneigt. Sie legt etwas Geld darauf oder schlägt bloss mit der rechten Hand auf den rechten Thürstock und die Oberschwelle. Ins Haus getreten tritt sie zum Herde und lässt auch hier Geschenke zurück.[2]) In der Gegend von Velika in Slavonien wirft die Braut, ganz wie im alten Rom, wenn sie das Feuer anschürt, einen Kreuzer in die Glut hinab.[3]) In Böhmen tritt die Braut zum Kamin und wirft drei ihrer Haare hinein.[4]) Bei den Esten wird die Braut, wenn sie im neuen Hause angekommen, überall herumgeführt, dabei wirft

[1]) Kulturgeschichte II, 147. Vgl. auch Weinhold, Die deutschen Frauen in dem Mittelalter[3] I, 381.

[2]) Lilek, Eheschliessung in Bosnien und der Herzegowina, in der Zeitschrift „Die Donauländer" 1899, 459. Vgl. Ztschr. f. österr. Volkskunde 1900, 165.

[3]) Krauss a. a. O. S. 399.

[4]) Wuttke, Der deutsche Volksaberglaube der Gegenwart[3] S. 373. Grohmann, Aberglauben und Gebräuche aus Böhmen und Mähren S. 122, 928.

sie etwas Geld oder Bänder in die Stube, Kammern oder Ställe, in den Garten, in den Brunnen und auch ins Feuer.[1]) Dass der Sinn der Ceremonie am Herde eine Huldigung für die dort verehrten Hausgötter ist, tritt, wie Lippert[2]) richtig hervorhebt, besonders deutlich bei der chinesischen Hochzeit hervor. Hier steht am Herde noch das kleine Bild des Hausgottes. Die Braut verneigt sich vor ihm tief und legt dem Bilde ein Bündel Stäbchen zu Füssen.

Zu erwähnen ist hier auch ein russischer Brauch, der sich zwar nicht am Herde abspielt, aber dieselbe Bedeutung hat wie die angeführten Herdceremonien. Wenn der Hochzeitszug den Hof betritt, werden ihm die Heiligenbilder des Hauses entgegengetragen: ebenso wie die Heiligenbilder des Elternhauses in die Kirche und dann wieder zurück ins Hochzeitshaus getragen werden, so werden die Neuvermählten im Hause des Mannes auch wieder mit den Heiligenbildern empfangen.[3])

In Böhmen und Mähren ist zwar bei dem Umwandeln des Herdes von einem Götter- oder Heiligenbilde nicht mehr die Rede, aber auch hier muss sich die Braut bei dem Eintritt in das neue Haus vor dem Herde verneigen, also diesem, d. h. der in ihm waltenden Gott-

---

[1]) v. Schroeder a. a. O. S. 181.
[2]) Kulturgeschichte II, 146.
[3]) Grosspietsch, Hochzeitsgebräuche des russischen Landvolkes (Russ. Revue XII, 250). Das Bild des Schutzheiligen ist hier, wie öfter, beim Übergang zum Christentume an die Stelle des alten Hausgottes getreten. Über die Verwendung der Heiligenbilder im Vaterhause vgl. weiter unten.

heit, ihre Huldigung darbringen.[1]) In Dalmatien küsst die Braut den Herd. Hier verbindet sich damit noch eine andere Spende, die mit den griechischen καταχύσματα zu vergleichen ist: man überreicht der Braut beim Eintritt in das Haus einen Reuter (d. i. ein Sieb) mit Äpfeln, sie rüttelt ihn ein wenig und wirft ihn samt den Äpfeln über das Haus oder sie nimmt aus dem Busen einen Apfel, in den einige Münzen gesteckt sind, und wirft ihn über das Haus.[2])

Welche Bewandtnis hat es nun mit dem dritten As, den die Braut *in compito vicinali* darbringen muss? Rossbach[3]) nimmt mit Recht an, dass unter dem *vicinale compitum* das nächstgelegene *sacellum* der Laren zu verstehen sei. Er vergleicht die Sitte, bei der Geburt eine Münze im Tempel der Juno Lucina, beim Todesfall im Tempel der Venus Libitina und für die in das Mannesalter tretenden Jünglinge im Tempel der Juventas zu entrichten.[4]) Angeblich wurden diese Geldstücke zu

---

[1]) Grohmann a. a. O. S. 122, 929.

[2]) Krauss, Sitte und Brauch der Südslaven S. 430. Reinsberg-Düringsfeld, Hochzeitsbuch S. 77. Vgl. die S. 4[3] angeführten Bräuche. — Die Äpfel werden von den Kindern aufgelesen; die religiöse Bedeutung des Brauches, die sich aus der Vergleichung mit den Ceremonien anderer Völker ergiebt, ist also in Vergessenheit geraten.

[3]) a. a. O. S. 375.

[4]) Dionys. IV, 15,5. ὡς δὲ Πείσων Λεύκιος ἐν τῇ πρώτῃ τῶν ἐναυσίων ἀναγραφῶν ἱστορεῖ, βουλόμενος (Servius) καὶ τῶν ἐν ἄστει διατριβόντων τὸ πλῆθος εἰδέναι, τῶν τε γεννωμένων καὶ τῶν ἀπογινομένων καὶ τῶν εἰς ἄνδρας ἐγγραφομένων, ἔταξεν, ὅσον ἔδει νόμισμα καταφέρειν ὑπὲρ ἑκάστου τοὺς προσήκοντας, εἰς μὲν τὸν τῆς Εἰλειθυίας θησαυρὸν,

statistischen Zwecken gezahlt. Dass aber dieser statistische Zweck der ursprüngliche gewesen sei, ist schwer glaublich. Sicherlich waren diese Münzen, wie Rossbach vermutet, ursprünglich Opfergaben, die man erst später zur Volkszählung benutzte. Den Laren des Stadtviertels also, in dem der Gatte wohnt, bringt die junge Frau ihre Gabe dar.[1]) Nachdem sie zuvor durch das Opfer am Herde den Schutz der Hauslaren erworben hat und in die Kultgemeinschaft des Hauses aufgenommen worden ist, erwirbt sie nun auch den Schutz der Götter, die ihre neuen Bezirksgenossen beschirmen, wird sie nun auch in die grössere Kultgemeinschaft ihres Stadtbezirkes aufgenommen. Etwas Ähnliches finden wir auch in Griechenland. Die Neuvermählte wird den φράτορες ihres Mannes vorgestellt, dabei wird diesen ein Mahl gegeben[2]) und ein Opfer dargebracht.[3])

ἣν ‘Ρωμαῖοι καλοῦσιν ῞Ηραν φωσφόρον ὑπὲρ τῶν γεννωμένων· εἰς δὲ τὸν τῆς Ἀφροδίτης ἐν ἄλσει καθιδρυμένον, ἣν προσαγορεύουσι Λιβιτίνην, ὑπὲρ τῶν ἀπογινομένων· εἰς δὲ τὸν τῆς Νεότητος ὑπὲρ τῶν εἰς ἄνδρας ἀρχομένων συντελεῖν.

[1]) Über den Ausdruck *resonare* vgl. Rossbach a. a. O. S. 375. Rossbach vermutet, dass die Braut den As auf dem Altare der *Lares compitales* erklingen liess und aus dem hellen oder dumpfen Tone schloss, ob die Laren ihrer Ehe günstig oder ungünstig seien.

[2]) Hesych. γαμηλία· φέρνη εἰς γάμου παρασκευὴν καὶ δεῖπνον, ὃ τοῖς φράτορσιν ἐποίει ὁ γαμῶν. Suid. s. v. Isaeus VIII, 18; III, 76. Demosth. 57, 43. 69.

[3]) Poll. III, 42. ἡ δὲ ἐπὶ γάμῳ θυσία ἐν τοῖς φράτερσι γαμηλία καὶ τὸ ἔργον γαμηλίαν εἰσενεγκεῖν. Schol. Demosth. 3. olynth. Rede 43 (Bull. de corr. hell. I, p. 11) γαμηλία· ἡ εἰς τοὺς φράτορας ἐγγραφή· ἔνιοι δὲ τὴν θυσίαν οὕτω φασὶ λέγεσθαι τὴν ὑπὲρ τῶν μελλόντων γαμεῖν γινομένην (cod. ἡ νωμένην) τοῖς ἐν τῷ δήμῳ. Bei Poll. VIII, 107 ist

Ein Opfer an die Schutzgötter des Bezirks scheint auch noch in den Bräuchen einiger anderer Völker vorzuliegen. In manchen Orten Kroatiens begiebt sich der Hochzeitszug, nachdem die Braut dreimal um den Herd geführt worden ist, an den Dorfbrunnen. Die Brautleute gehen dreimal um den Brunnen herum und beim dritten Umgange werfen sie einen mit einigen Kreuzern bespickten Apfel[1]) in den Brunnen hinab.[2])

In Bulgarien führt einige Tage nach der Hochzeit die ganze Verwandtschaft des Bräutigams die Braut zum Dorfbrunnen. Im rechten Aermel trägt sie Hirse und im Munde eine Geldmünze. An Ort und Stelle angelangt, geht die Braut dreimal um den Brunnen herum und schüttet die Hirse entweder ringsum oder bloss in die vier Brunnenecken. Dann speit sie die Münze in den Brunnen hinein und schöpft einen Kübel Wasser[3]). Auch bei den Slowenen wird die junge Frau am Tage nach der Hochzeit zum Brunnen geführt.[4]) Bei den Neugriechen wird (oder wurde) die Braut am dritten Tage nach der Hochzeit in festlichem Zuge nach der Quelle oder dem Brunnen geführt, aus dem sie in Zukunft ihren Wasserbedarf zu entnehmen hat. An der Quelle angekommen, muss sie diese feierlich begrüssen und in hohler

---

unter γαμηλία nicht ein vom Gatten, sondern vom Vater dargebrachtes Opfer zu verstehen, s. weiter unten.

[1]) Vgl. die kurz vorher (S. 24) erwähnte, in Dalmatien übliche Verwendung des mit Münzen besteckten Apfels im Hause.

[2]) Krauss a. a. O. S. 386.

[3]) Krauss a. a. O. S. 451. Strauss, Die Bulgaren S. 327.

[4]) Reinsberg-Düringsfeld a. a. O. S. 89. 92.

Hand aus ihr trinken, dann wirft sie Geldstücke und Esswaren hinein. Nach einem Rundtanze um die Quelle schöpft ein Jüngling, dem beide Eltern noch leben, mit einem besonders dazu bestimmten Gefässe Wasser und trägt es, ohne ein Wort zu sprechen, nach dem Hause des jungen Paares. Mit ihm kehren auch alle anderen nach Hause zurück; die jungen Eheleute nehmen, dort angekommen, den Mund voll von diesem Wasser und suchen sich innerhalb der Thür des Hauses damit zu be- spritzen.[1])

Auch bei den Albanesen begeben sich die Brautleute mit Schüsseln in den Händen zu der Dorfquelle, wo sie einander bespritzen sollen.[2]) Hierher gehörig ist auch ein interessanter Brauch der Mordwinen, den ich nach Schroeder a. a. O. S. 136 (aus der St. Petersburger Zeitung 1879) mitteile. Am Morgen nach der Hochzeit begiebt sich die Braut, barfuss, nur mit einem Hemde bekleidet, zum Flusse. Ihr voran schreiten die Gespielinnen mit einem grossen Kübel, hinter diesen folgt die älteste Frau des Dorfes, welche auf ihrem Kopfe einen mit einem Eierkuchen bedeckten Laib Brot trägt; dann kommen der Hochzeitsmarschall und die Freiwerberin, welche in ihren Händen grosse mit Bier gefüllte Gefässe und ausserdem noch einen ganzen Eimer desselben Bieres tragen, mit dem sie die ganze Zeit über den Weg von der Hütte

---

[1]) Wachsmuth a. a. O. S. 100. Vgl. Reinsberg-Düringsfeld a. a. O. S. 59.
[1]) Hahn, Albanes. Stud. I, 147. Reinsberg-Düringsfeld a. a. O. S. 63.

bis zum Ufer benetzen. In der Hand trägt die Braut ein totes oder lebendes Huhn. Wenn der Zug an den Fluss gelangt, ertränkt sie dieses im Flusse und wirft auch das Brot und den Eierkuchen hinein, während die Alte die Flussgöttin um Segen und Schutz für die Braut bittet. Nach diesem Gebete steigt die junge Gattin entweder in den Fluss hinab oder sie wird mit dem Flusswasser bespritzt, während der Rest des Bieres in den Fluss gegossen wird.

Diesen Bräuchen, deren eigentlicher Sinn natürlich vielfach, wie bei den meisten derartigen Sitten, längst vergessen ist, liegt offenbar die Vorstellung zu Grunde, dass den in der Tiefe des Brunnens oder Flusses hausenden unterirdischen Mächten ein Opfer gebracht werden soll. Da dies Opfer, im Gegensatz zu der im eigenen Hause dargebrachten Spende, die den Hausgöttern gilt, an einem allen Dorfbewohnern gemeinsam gehörigen Orte dargebracht wird, so darf man annehmen, dass sich dieses Opfer an die gemeinsamen Schutzgötter des Dorfes richtet, also auch hier die junge Gattin den Schutz der Götter ihres Wohnbezirkes erwerben will.

Ein ähnlicher Gedanke kommt auch in einem wendischen Brauche zum Ausdruck, den Lippert[1]) mit Recht dem Asopfer in der Larenkapelle vergleicht. In den wendischen Dörfern musste die Braut, die aus einem andern Orte kam, einen Tanz um den Kreuzbaum — eine mitten im Dorfe aufgerichtete Eiche, an der sich

[1]) Kulturgeschichte II, 148.

oben ein hölzernes Kreuz und darüber ein eiserner Hahn
befand — machen und etwas Geld hineinstecken.¹) Nach
einer gleichartigen Sitte wurde in Bramstädt in Holstein
früher jede Braut, die aus einem fremden Orte sich dort-
hin verheiratete, samt ihrem mitgebrachten Brautgute erst
dreimal um die Rolandsäule gefahren, ehe sie in das
Haus des Ehemanns einzog.²) Die Aufnahmeceremonie
findet in diesen beiden Fällen an den Wahrzeichen der
Gemeinde statt, ohne dass man sich wohl klar darüber
war, was dieses eigentlich zu bedeuten habe.³) Vielleicht
wurden, wie diese beiden Bräuche, auch die übrigen eben angeführten Ceremonien ursprünglich nur bei solchen Bräuten geübt, die aus einem andern Dorfe stammten, doch ist es ebenso
gut möglich, dass auch die aus demselben Bezirke stam-
mende Braut aufs neue die Gunst der heimatlichen Schutzgötter erwerben muss, denen sie nach der Vermählung
in neuer Eigenschaft gegenübertritt.

III.

Wie im ersten Kapitel dieser Untersuchungen dar-
gelegt, wurde in Athen dieselbe Ceremonie, wie bei der
Braut, auch bei dem Sklaven vollzogen, der zum ersten
Male das Haus des Herrn betrat, die Ceremonie der κατα-

---

¹) Kuhn, Märk. Sagen S. 334. Vgl. den verwandten Brauch, der
in der Zeitschrift f. österr. Volkskunde 1900, S. 172 mitgeteilt wird.
²) Lippert, Volksglaube, Volksbrauch und Christentum S. 540
(nach Zöpfel, Die Rulandsäule S. 215).
³) Lippert a. a. O. bringt auch die Rolandsäule mit dem Totenkulte zusammen, was indes eine haltlose Phantasie ist.

χύσματα. Durch diese Uebereinstimmung wurden wir zuerst zu dem Schlusse geführt, dass wir in diesem Brauche einen Aufnahme- oder Einweihungsritus zu sehen haben. Im vorigen Kapitel lernten wir dann einen andern Ritus kennen, durch den die Braut in ihr neues Heim aufgenommen wird, das Herumführen um den Herd. Auch diesen Ritus finden wir bei anderen Völkern — damit wird die Richtigkeit unserer Auffassung bestätigt — bei der Einführung eines Knechtes in das Haus.

In Deutschland wurde, ebenso wie die junge Frau, auch das neu eintretende Gesinde dreimal um den Herd geführt. „Um das Hel leiten" nannte man diese Ceremonie; als bei der veränderten Bauweise der Herd nicht mehr in der Mitte der Küche, sondern an der Seite angebracht wurde, schwang man den Herdhaken dreimal um den angehenden Hausbewohner, behielt aber auch für den verkümmerten Brauch die alte Bezeichnung bei.[1] Im Eifellande war es Sitte, dass, wenn eine Magd einen neuen Dienst antrat, die Burschen der Nachbarschaft kamen, die „Feuerhahl" hervorzogen und sie dreimal um dieselbe leiteten.[2] In Böhmen muss sich, wie die Braut, auch die Magd, die einen neuen Dienst antritt, vor dem Herde verneigen.[3]

---

[1] Montanus, Die deutschen Volksfeste S. 99 f. Wuttke, Der deutsche Volksaberglaube ³ S. 132.

[2] Schmitz, Sitten und Gebräuche des Eifler Volkes S. 67.

[3] Grohmann a. a. O. Vgl. auch Lippert, Christentum, Volksglaube und Volksbrauch S. 489, wo die Bedeutung des um den Herd Führens bei der Braut und beim Knechte dargelegt ist.

Derselbe Brauch liegt offenbar auch einer von Grimm
„aus der Chemnitzer Rockenphilosophie" angeführten Sitte
zu Grunde: die neu einziehende Magd soll alsbald ins
Ofenloch schauen.[1]) Ebenso soll in Osterode am Harz
die Dienstmagd gleich beim Eintritt ins Haus nachsehen,
ob Feuer im Ofen ist, und es schüren.[2])

Bei den Römern war ein der Hochzeitsceremonie
entsprechender Brauch bei der Aufnahme eines neuen
Sklaven nicht üblich. Diese Abweichung vom attischen
Brauche erklärt sich aus der verschiedenen Stellung, die
der Sklave in Rom und in Athen einnahm. Dass bei
den Griechen der Sklave eine mildere Behandlung genoss,
mehr als Mensch betrachtet wurde als bei den Römern,
ist bekannt und bedarf hier keiner weiteren Erörterung.[3])
Der römische Sklave galt vermutlich — wenn er auch
nicht vollständig vom Kult ausgeschlossen war[4]) — zu

---

[1]) J. Grimm, Deutsche Mythologie III, 437, 95, vgl. 451, 501.

[2]) Grimm a. a. O. S. 461, 777.

[3]) Über die Beteiligung der griechischen Sklaven am Kulte,
die vielfach, sogar für die Mysterien (vgl. Lobeck, Aglaophamus I,
19; Rohde, Psyche I, 286, Anm. 1), bezeugt ist, vgl. Büchsenschütz,
Besitz und Erwerb in Griechenland S. 149 u. 160.

[4]) Wenn Rossbach (Untersuchungen über die römische Ehe
S. 25) vom Sklaven bemerkt: „Sie gehörten zu der religiösen Ge-
nossenschaft des Hauses und feierten mit den Freien ihre Feste",
so bedarf dies einiger Einschränkung. In bezug auf die von R.
citierte Stelle des Cato ist zu beachten, dass Cato (*de agr.* 143,
vgl. Marquardt, Privatleben 179) nachdrücklich betont, die Sklavin
habe nur auf Befehl des Herrn eine religiöse Ceremonie zu vollziehen (vgl. Columella I, 8, 5). Ob in der Ambarvalformel wirklich
ein Sklave mit der Lustration des Ackers beauftragt wird (Rossbach a. a. O.), ist zweifelhaft (vgl. Keil, Commentar zu Cato *de agr.*

sehr als Sache, als dass man seinetwegen eine religiöse Ceremonie hätte für nötig halten sollen.

Ausgeschlossen ist der Sklave namentlich von den Opfern der *gens*, den Festen der Gentilgenossen.[1]) Zutritt zu diesen erhält er erst im Falle der Freilassung. Die Freilassung hat daher nicht nur eine rechtliche, sondern auch eine religiöse Bedeutung. Der Sklave, der von seinem Herrn die Freiheit erhält, nimmt den Gentilnamen seines Herrn an, das heisst in sacraler Beziehung, er hat von nun an teil an den Gräbern[2]) und Festen der *gens*. „Wo die Abteilungen der Gemeinde, die Curien zu religiöser Festfeier zusammentraten, liess man mit den Geschlechtern auch die Freigelassenen und Clienten eines jeden Patriziers zu; und es sind diese Versammlungen staatsrechtlich von grosser Bedeutung gewesen. Denn auf ihnen beruht es doch unzweifelhaft, dass neben den selbständigen Vollbürgern auch Hauskinder, Freigelassene und Clienten, nicht aber Fremde und Sklaven den adjectivischen Geschlechtsnamen zu führen berechtigt sind — zum Marciergeschlecht sich zu zählen, d. h. einen Marcier sich zu nennen, war jeder befugt, der in diesem Geschlechte die Bürgerfeste mitfeiern durfte“. (Mommsen, röm. Forschungen I, 371.)

---

p. 145). Wenn die Sklaven und Sklavinnen an der Feier der Saturnalien, der Compitalien und Nonae Caprotinae beteiligt sind, so wird dies in den Berichten offenbar als Ausnahme betrachtet. Vgl. den Anhang.

[1]) Vgl. den Heroldsruf bei gewissen Festen: *hostis mulier, vinctus exesto* (Fest. ep. p. 82, 8).

[2]) Marquardt, Privatleben S. 364.

Weil also bei den Römern erst durch die Freilassung die wirkliche Aufnahme in die Kultgemeinschaft erfolgt, so müssen wir die bei der Freilassung üblichen Bräuche prüfen, um festzustellen, ob sie in den Kreis der vorher besprochenen Aufnahme- oder Einweihungsriten gehören.

Die Ceremonie der Freilassung bestand darin, dass dem Sklaven eine besondere Art Mütze, der *pileus*, aufgesetzt wird.[1]) Um die Bedeutung dieses Brauches klarzulegen, muss ich mir zunächst einen Excurs über eine andere Verwendung des *pileus* gestatten.[2])

Ausser von den Sklaven, die den *pileus* bei der Freilassung anlegen, wird dieser — in Form einer spitz zulaufenden Mütze — ständig von einigen Klassen der römischen Priester, den *flamines, pontifices* und Saliern getragen.[3]) In seinem Aufsatze „Über den *pileus* der alten Italiker"[4]) hat Wolfgang Helbig die Ansicht aufgestellt, dass der *pileus* sowohl bei den Priestern wie auch bei den Freigelassenen der Überrest einer einst allgemein in Italien verbreiteten Volkstracht sei[5]), und er hat über-

---

[1]) Marquardt, Privatleben S. 572, Anm. 2.

[2]) Die folgenden Ausführungen wiederholen den Inhalt eines im Jahre 1894 im Philologus (LIII, 585 ff.) erschienenen Aufsatzes.

[3]) *pileus* der *pontifices:* Fest. p. 355a, 33, der Salier: Dion. II, 70, 2 (vgl. Samter, Röm. Sühnriten, Philolog. LVI, 395). Der *pileus* der *flamines* wird häufig erwähnt, s. die weiter unten angeführten Stellen.

[4]) Sitzungsber. der Akad. der Wissenschaften zu München, phil.-hist. Klasse 1880, S. 487.

[5]) Von diesem *pileus* zu unterscheiden ist, wie Helbig a. a. O. S. 489 richtig bemerkt, die nur vom niedrigen Volke getragene Mütze, die ebenfalls *pileus* genannt wird. Wie der *pileus*, den die Römer an den Saturnalien anlegen, aufzufassen, ist zweifelhaft.

zeugend nachgewiesen, dass diese Kopfbedeckung aus dem
Orient über Hellas oder Karthago zu den Italikern gekommen und bei diesen in alter Zeit allgemein getragen
worden ist. Helbig ist sehr glücklich in der Verwertung
der monumentalen Überlieferung gewesen, auf die sich
hauptsächlich seine Ergebnisse gründen. In den litterarischen Zeugnissen jedoch hat er einige wichtige Punkte
übersehen, und seine Resultate bedürfen daher einer
wesentlichen Modification oder vielmehr Ergänzung.

Die Zeugnisse, die hauptsächlich für die Beurteilung
des Priesterpileus in Betracht kommen, sind folgende:

Interpol. Serv. Verg. II, 683 (= Sueton. ed. Reiffersch.
p. 268, 168). *Suetonius tria genera pilleorum dixit,
quibus sacerdotes utuntur, apicem, tutulum, galerum: sed
apicem pilleum sutile circa medium virga eminente*[1]*), tutulum pilleum lanatum metae figura, galerum pilleum ex
pelle hostiae caesae.*

Fest. ep. p. 10, 12. *Albogalerus a galea nominatus.
Est enim pileum capitis, quo Diales flamines, i. e. sacerdotes Jovis, utebantur. Fiebat enim ex hostia alba Jovi
caesa, cui affigebatur apex virgula oleaginea.*

Isidor. orig. 19, 30, 5. *Virgula, quae in pileo erat,
connectebatur filo, quod fiebat ex lana hostiae.*

---

[1]) Vgl. Interpol. Serv. Verg. Aen. X, 270. *dicitur autem apex
virga, quae in summo pilleo fluminum lana circumdata et filo conli-
gata erat, unde etiam flamines vocabantur. Hoc autem nomen a veteri-
bus tractum est: apere enim ritu flaminum adligare dicebant; unde
apicem dictum volunt. Cf. Serv. Aen. II, 683. Fest. ep. p. 10.* Der
apex ist also ursprünglich nur ein Teil des *pileus,* dann wird der
Name auf den ganzen *pileus* übertragen (Suet. l. l., Isid. orig. 19, 30, 5).

Gell. X, 15, 32. *Verba M. Varronis ex secundo rerum divinarum super flamine Diali haec sunt: Is solum album habet galerum, vel quod maximus, vel quod Jovi immolata hostia alba id fieri oporteat.*

Fronto ep. ad M. Caesarem 4, 4 (p. 67 Naber). *Deinde in porta* (Anagniae) *cum eximus, ibi scriptum erat bifariam sic: „flamen sume samentum.“ Rogavi aliquem ex popularibus, quid illud verbum esset. Ait lingua hernica pelliculam de hostia, quam in apicem suum flamen, cum in urbem introeat, imponit.*

An allen diesen Stellen fällt die Erwähnung der *hostia* auf: der *pileus* muss aus dem Fell eines Opfertiers gefertigt sein, der Faden, der den *apex* an der Mütze befestigt, der Wolle einer *hostia* entnommen sein. Warum dies? Wenn der *pileus* der *flamines* wirklich, wie Helbig meint, nur ein Ueberrest der alten Volkstracht ist, weshalb dann die bestimmten Vorschriften über seine Verfertigung, weshalb seine Verbindung mit dem Opfer?[1]) Die Antwort giebt Varro de ling. Lat. V, 84: *Flamines quod in Latio capite velato erant semper ac caput cinctum habebant filo, flamines dicti.*

Das blosse *filum* ersetzte, wie Servius mitteilt[2]),

---

[1]) Bei Daremberg-Saglio dict. II, p. 1167 wird diese Vorschrift mit den Worten motiviert: „le flamine ne pouvait pas toucher la peau d'un animal souillé par la mort naturelle.“ Allein eine solche Bestimmung ist nirgends überliefert; Gell. 10, 15, 24 sagt nur: *locum, in quo bustum est, nunquam ingreditur, mortuum* (zu ergäuzen doch wohl: *hominem*) *nunquam attingit.*

[2]) Serv. Verg. Aen. VIII, 664. *flamines incapite habebant pilleum, in quo erat brevis virga desuper habens lanae aliquid. quod cum per*

den *pileus*, beides, das Tragen des *filum* wie des *pileus*,
wird mithin von Varro des *velatio capitis* gleich gesetzt.

Aus litterarischen Zeugnissen[1]) wie aus zahlreichen
Monumenten ist die Thatsache bekannt, dass der Ritus des
römischen Opfers eine Verhüllung des Hauptes fordert[2]).
Varro hatte diese Sitte mit der Erzählung motiviert, dass
Aeneas, als sich ihm während eines Opfers Odysseus oder
Diomedes genähert, sein Haupt verhüllt habe, um das
Opfer nicht durch den Anblick des Feindes zu stören.
Die Nachkommen seien ihm hierin gefolgt und verhüllten
daher gleichfalls beim Opfer stets das Haupt, um vor
jeder Störung geschützt zu sein[3]). Dass jener Brauch
der Abwehr äusserer Störung diente, nimmt auch Marquardt
a. a. O. an, und gewiss wird dieser Grund zu dem Fest-
halten an der Verhüllung beim Opfer mitgewirkt haben.

---

*aestus ferre non possent, filo tantum capita religare coeperunt; nam
nudis penitus eos capitibus incedere nefas fuerat; unde a filo, quo
utebantur, flamines dicti sunt, quasi filamines. verum festis diebus filo
deposito pillea necesse erat accipere, quae secundum alios ad ostenden-
dam sacerdotii eminentiam sunt reperta.*

[1]) Vgl. Marquardt III, 176, Anm. 6.

[2]) Nur bei denjenigen Opfern, die *Graeco ritu* dargebracht
werden, blieb das Haupt unbedeckt. Macrob. Sat. 3, 6, 17; 1, 8, 2.

[3]) Fest. p. 322 b, 32. *Italici auctore Aenea velant capita, quod
is, cum rem divinam faceret in litore Laurentis agri Veneri matri, ne
ab Ulixe cognitus interrumperet sacrificium, caput adoperuit atque ita
conspectum hostis evitavit.* Serv. Aen. III, 407. *sciendum sacrificantes diis omnibus caput
velare consuetos ab hoc, ne se inter religionem aliquid vagis offerret
obtutibus.* Serv. Aen. II, 166. Plut. quaest. Rom. 10.

Allein der Ursprung des Brauches ist ein anderer:
Hermann Diels hat in seinem „sibyllinischen Blättern"
den Zusammenhang der Verhüllung mit dem Lustrationsritus, ihre Bedeutung als ein Zeichen des Substitutionsopfers klargelegt. Diels stellt die Kopfverhüllung des
römischen Kultes in Parallele mit der Verhüllung der
Braut und der Neophyten in den Mysterien (a. a. O.
S. 122) sowie mit dem Lustrationsbrauche, nach welchem
der Mörder, der Myste, der Orakelsuchende, das Hochzeits-
paar auf dem Felle des Opfertieres sitzt (a. a. O. S. 70).
„Indem der Sünder mit dem Fell bekleidet erscheint,
tritt er an die Stelle des Opfers und eignet sich die Versöhnung an, die das stellvertretende Tier durch seinen
Tod bei der Gottheit erwirkt hat." (a. a. O. S. 122.)
Diesem kathartischen Ritus ist die Vorschrift über den
Kopfschmuck des flamen eng verwandt. Durch die Anlegung des „ex pelle hostiae" gefertigten pileus wird auch
der römische Priester mit dem Felle des Opfertiers bekleidet: nicht nur bei der Opferhandlung, wie jeder andere
Römer, weiht er sich, sein Haupt verhüllend, symbolisch
selbst zum Opfer, sondern ständig kennzeichnet ihn sein
Kopfschmuck als das geweihte Eigentum der Götter.
Weil aber der pileus des flamen ein Ersatz für die Verhüllung, so ist es nicht auffallend, dass, wie Varro und
und Servius in den oben angeführten Stellen berichten,
an seine Stelle auch der blosse Wollfaden treten konnte.
Denn „der Ritus des Umbindens von Wolle ist ab-
geschwächt aus der ursprünglichen Verhüllung" (Diels
a. a. O. S. 122, vgl. S. 70 und 121), auch die Wollbinde

des *flamen*, die den *pileus* vertritt, bezeichnet seine Person
als der Gottheit geweiht[1]).

Dass diese Auffassung des *pileus* zutrifft, wird dadurch
bestätigt, dass wir an der Kopfbedeckung des *flamen*
ausser dem Felle des Opfertieres noch ein zweites Symbol
der Sühnung finden: den Oelzweig[2]). Denn dass ein solcher,
nicht etwa ein Stab aus Oelbaumholz, wie Helbig[3]) vermutet,
unter der *virgula oleaginea*, von der Festus spricht, zu
verstehen sei, das kann, glaube ich, keinem Zweifel unterliegen, nachdem auf die Bedeutung der *pellis hostiae* beim
Priesterpileus hingewiesen ist[4]). Über die Bedeutung der
Olive im Sühnritus vgl. Diels, Sibyll. Blätter S. 120:
„Die milde, friededeutende Olive versinnbildlicht die *pax
deorum*. Wie der linde Saft des Baumes einen Haupt-
bestandteil der chthonischen μειλίγματα bildet, so ist der
Oelzweig in der Hand, der Oelkranz im Haar das Symbol

---

[1]) Dass die Binde beim Kopfschmuck des *flamen* Zeichen der
Weihe sei, bemerkt auch Helbig a. a. O. S. 510.

[2]) Fest. epit. p. 10 (s. oben S. 34).

[3]) a. a. O. S. 511.

[4]) Einen Ölzweig versteht auch Marquardt (III, 330) unter der
virgula oleaginea, ebenso Hehn (Kulturpflanzen und Haustiere[3]
S. 99). An eine Entlehnung der griechischen εἰρεσιώνη
(Hehn a. a. O.) ist dabei natürlich nicht zu denken, doch liegt dem
mit Wolle umwundenen Ölzweig des flamen dieselbe Bedeutung zu
Grunde wie der εἰρεσιώνη. Vgl. Diels a. a. O. S. 121. — Wie der
Stab, den der *pileus* auf dem kapitolinischen Relief aus der Zeit
des Marc Aurel zeigt (Helbig a. a. O. Taf. II, 26), aufzufassen ist,
lasse ich dahingestellt. Jedenfalls darf man aus dieser späten,
helmartigen Form des *pileus* nicht auf seine ursprüngliche Art
schliessen. Die Möglichkeit einer Umwandlung der alten Form
deutet übrigens auch Helbig (S. 512) an.

der gesuchten oder erlangten Versöhnung mit der Gottheit der Tiefe."

Der Oelzweig pflegt sonst freilich nur in der Hand getragen zu werden, auf dem Kopfe wird er durch den Oelkranz ersetzt, allein nicht ohne Grund ist in der Tracht des *flamen* der Kranz vermieden worden. Der flamen darf nichts an sich tragen oder auch nur sehen, was bindet, darum darf sein Kleid keinen Knoten haben, darum darf er keinen Epheu berühren, deshalb erlangt die Freiheit, wer gefesselt sein Haus betritt, deshalb muss sein Ring durchbrochen sein [1]). Es ist nur consequent, dass dasselbe, wie vom Ringe, auch vom Kranze gilt, dass also der *flamen* statt des Kranzes eine *virga* trägt [2]).

Ist der *pileus* oder *tutulus* der *flamines* ein Überrest oder Ersatz der einst üblichen Hauptverhüllung, so muss die gleiche Auffassung natürlich auch vom *tutulus* der *flaminica* gelten. Während jedoch beim *flamen* der *pileus* zwar in gewissen Fällen durch das *filum*, den Wollfaden, ersetzt wurde, daneben aber auch noch in der späteren Zeit die Kopfbedeckung selbst erhalten blieb, so ist der

---

[1]) Gell. 10, 15, 9. *nodum in apice neque in cinctu neque in alia parte ullum habet.* 6. *item anulo uti nisi pervio cassoque fas non est.*
Fest. ep. p. 82, 18. *ederam flamini Diali neque tangere neque nominare fas erat pro eo, quod edera vincit, ad quodcunque se applicat. Sed ne anulum quidem gerere ei licebat solidum aut aliquem in se habere nodum.*

[2]) Ebenso trägt auch die *flaminica* keinen wirklichen Kranz, sondern eine *virga incurvata, quae fit quasi corona* (Interpol. Serv. Aen. IV, 137).

tutulus der *flaminica*, d. h. die ursprüngliche Haube[1]), in der Zeit, aus der unsere litterarischen Zeugnisse stammen, gänzlich verdrängt durch die blosse Binde[2]): vom wirklichen *tutulus* ist nur noch der Name übrig geblieben.

Hier nun gewinnen wir eine neue Stütze für unsere Auffassung des Priestertutulus. Zum Symbol der Wollbinde und des Ölzweiges tritt, wie Festus mitteilt, ein weiteres Lustrationszeichen, die Purpurfarbe[3]). In der Tracht der *flaminica* ist übrigens auch sonst die Purpurfarbe als lustrales Symbol verwendet (vgl. Diels a. a. O. S. 70), so in der *rica*[4]), im *flammeum*, von dem im nächsten Abschnitt noch die Rede sein wird, im *venenatum*[5]). Ob letzteres freilich, wie Helbig[6]) ver-

---

[1]) Dass eine solche als die ursprüngliche Kopfbedeckung anzunehmen ist und nicht etwa *tutulus* nur eine Haartour bezeichnet, betont Helbig a. a. O. S. 516 mit Recht.

[2]) Fest. p. 355a, 29 (= ep. 354, 7). *Tutulum vocari aiunt flaminicarum capitis ornamentum, quod fiat vitta purpurea innexa crinibus et exstructum in altitudinem.*

[3]) Bei dem *tutulus* der *mater familias*, der sonst dem der *flaminica* gleicht, wird die Purpurfarbe nicht erwähnt. Varro de l. L. VII, 44. *Tutulati dicti hi, qui in sacris in capitibus habere solent ut metam; id tutulus appellatus ab eo, quod matres familias crines convolutos ad verticem capitis, quos habent vitta velatos, dicebantur tutuli.* — Über die Bedeutung des Purpurs bei der Lustration — ausführlicher über die rote Farbe spreche ich noch weiter unten — vgl. Diels a. a. O. S. 69, 2.

[4]) Fest. ep. 288, 10. *Rica est vestimentum quadratum fimbriatum, purpureum, quo flaminicae pro palliolo utuntur.*

[5]) Interpol. Serv. Aen. IV, 137. *vetere ceremoniarum iure praeceptum est ut flaminica venenato operta sit. Operta autem cum dicitur, pallium significat, venenatum autem infectum: quod ipse ait in bucolicis „alba nec Assyrio fucatur lana veneno." Hic vero cum dicit „Sidoniam"*

mutet, eine Kopfbedeckung, d. h. mit dem tutulus identisch,
halte ich für sehr zweifelhaft. Es liegt kein Grund vor, der
Angabe des Interpolators des Servius, mit der Gellius X,
15,27 ¹) nicht in Widerspruch steht, zu misstrauen. Dass
pallium (= *venenatum*) und *rica* gleichzeitig von der
flaminica getragen wird, ist kein Hindernis, denn das Kopftuch der *rica* (*palliola ad usum capitis facta*, Fest. p.277a,5)
ist doch wesentlich vom *pallium* zu unterscheiden. Wie
sich aus einer Angabe Varros ²) ergiebt, diente die *rica*
zur sacralen Verhüllung, war also ursprünglich gleichfalls
Zeichen der Lustration. Dadurch löst sich die Schwierigkeit, die eine Notiz des Granius über die *rica* bereitet;
nach der Angabe des Granius war die *rica* ein Band,
mit dem die *flaminica* ihr Haar umgab ³). Helbig⁴) bemerkt ganz richtig, dass dieser Annahme gewichtige
Zeugnisse des Varro und Verrius entgegenstehen. Allein
ohne weiteres verwerfen kann man das Zeugnis eines
verhältnismässig alten Gewährsmanns, wie Granius Flaccus,
unmöglich. Man wird daher wohl annehmen müssen,

---

ostendit Tyriam et purpuream: purpuream declarat infectam. Ibid. XII,
602. *purpurea moritura manu discindit amictus]* rem quae *flaminicae
competit, transtulit ad reginam. Flaminica enim venenato operiri debet:
nam cum „amictus" dicit, opertam dicit, quae res ad pallium refertur.*

⁵) a. a. O. S. 517.

¹) Gell. X, 15, 27. *eaedem ferme caerimoniae sunt flaminicae
Dialis: alias seorsum aiunt observitare, veluti est, quod venenato
operitur.*

²) Varro de l. Lat. V, 130. *rica ab ritu, quod Romano ritu sacrificium feminae cum faciunt capita velant.*

³) Fest. p. 277a, 6. *Granius quidem ait muliebre cingulum capitis, quo pro vitta flaminica redimiatur.*

⁴) a. a. O. S. 521.

dass der Name *rica* neben seiner gewöhnlichen Bedeutung wirklich auch, wie Granius angiebt, eine Binde bezeichnet. Ist aber, wie im vorhergehenden dargelegt, die *rica* ein Symbol der Lustration, so ist es durchaus nicht auffallend, wenn auch sie allmählich durch die blosse Wollbinde ersetzt wurde. Nur erhielt sich hier daneben — und wie es scheint, vorwiegend — auch die ursprüngliche Form.

Wie zum Kopfschmuck der *flamen,* so gehörte übrigens auch zu dem der *flaminica* (und auch der *regina sacrorum*) die *virga*, die an den Enden mit einem Wollfaden zusammengebunden wird[1]). Auffallend ist dabei, dass wir hier nicht, wie dort, den im Lustrationsritus üblichen Oelzweig, sondern den Granatzweig finden.

Aus dem Nachweise, dass der *pileus* der römischen Priester eine religiöse Bedeutung hatte, folgt natürlich nicht ohne weiteres, dass das gleiche auch von dem bei der Freilassung verwendeten *pileus* gelte. Da nach Helbigs Untersuchungen der *pileus* sicher einst die allgemeine Tracht der Freien gewesen ist, so liegt anscheinend die früher allgemein gebilligte Annahme[2]) sehr nahe, dass in alter Zeit der freigelassene Sklave durch das Aufsetzen des *pileus* die Kopfbedeckung des Freien, die ihm bis

---

[1]) Gell. 10, 15, 28. *in rica arculum de arbore felici habet.*

Interpol. Serv. Aen. IV, 137. *arculum vero est virga ex malo Punico incurvata, quae fit quasi corona et ima summaque inter se alligatur vinculo laneo albo, quam in sacrificiis certis regina in capite habebat, flaminica autem Dialis omni sacrificatione uti debebat.*

[2]) Marquardt, Privatleben S. 572. Mommsen, Staatsrecht III, 1, 429.

dahin versagt war, anlegte und dass dieser Brauch weiter fortlebte, als das allgemeine Tragen des *pileus* längst aufgehört hatte[1]). Indes so einleuchtend diese Erklärung auf den ersten Blick erscheint, so ergeben sich bei näherer Prüfung doch auch hier Bedenken, die zu einer anderen Auffassung führen.

Den Ausgangspunkt für unsere Untersuchung muss eine Stelle des Livius (24, 16, 18) bilden.

Im zweiten punischen Kriege wurden unmittelbar nach dem siegreichen Treffen bei Benevent die Sklaven *(volones)*, die zum Heerdienst herangezogen waren, von dem Feldherrn Ti. Gracchus für frei erklärt. Mit dem Zeichen der eben erlangten Freiheit erscheinen sie bei einem Mahle, zu dem die siegreichen Truppen von den Beneventern geladen werden: *pilleati aut lana alba velatis capitibus volones epulati sunt.* Aus Livius' Worten ergiebt sich zunächst, dass auch der *pileus* der Freigelassenen, ebenso wie der des *flamen*, durch eine Wollbinde ersetzt werden konnte.[2]) Daneben ist noch ein zweiter Punkt

---

[1]) Aus dem *pileus Libertatis* der Münzen darf man keinen Schluss auf den ursprünglichen Sinn des Brauches ziehen. Denn der *pileus* auf Münzen kommt erst spät, unter Brutus und Cassius, auf (Preller-Jordan, Röm. Myth. II, 252), möglicherweise ist er daher erst durch seine Verwendung bei der Freilassung zum Attribut der Libertas geworden.

[2]) Helbig a. a. O. S. 504 nimmt auf Grund der etruskischen Monumente zur Erklärung an, dass eine Binde ursprünglich neben dem *pileus* zu den Abzeichen des freien Römers gehörte, wobei es freilich zweifelhaft bleibe, ob dieses Symbol in Zusammenhang zu bringen sei mit dem Bande, welches auf den etruskischen Grab-gemälden den *pileus* in der Höhe des Scheitels umgiebt, oder mit der Binde, die dort weiter unten über der Stirn angebracht ist.

in der Liviusstelle merkwürdig. *Lana velatis capitibus:* der Kopf ist mit einer Wollbinde verhüllt. Der Ausdruck wäre in sehr uneigentlichem Sinne gebraucht, wenn er nichts weiter bezeichnete als *„vitta cincti"*. Die Erklärung ergiebt sich, wenn wir die sonstige Bedeutung von *„capite velato"* in Betracht ziehen. Überall sind die Worte ein terminus technicus für die sacrale Verhüllung.[1])

Einen ganz ähnlichen Ausdruck, wie an der eben besprochenen Stelle des Livius finden wir bei demselben Schriftsteller I, 32, 6. Hier handelt es sich um priesterliche Tracht, die der Fetialen. *Legatus ubi ad fines eorum venit, unde res repetuntur, capite velato filo — lanae velamen est — audi, Juppiter, inquit, audite, fines* etc. Welche Bedeutung aber hier — beim Priester — fder Wollfaden hat, braucht nach den vorangegangenen Ausührungen keiner weiteren Darlegung. Wie aber hier der Ausdruck *„capite velato filo"* im technisch sacralen Sinne gebraucht ist, so wird man das gleiche für die zuerst angeführte Stelle des Livius annehmen und diese nach Analogie der anderen erklären dürfen. Demnach würde auch der *pileus* der Freigelassenen gleich dem der Priester als ein Ersatz für die Verhüllung des Kopfes, also, wie diese, als ein Lustrationsritus zu betrachten sein.

Diese Auffassung wird durch eine andere Ceremonie der Freilassung bestätigt. *Capite raso* empfängt der frei-

---

[1]) Vgl. auch Kiessling zu Horaz, carm. I, 35, 21.

gelassene Sklave den *pileus.*[1]) Gewöhnlich wird auch
diese Ceremonie als eine Annahme der Tracht des freien
Bürgers aufgefasst. Vgl. Mommsen, Staatsrecht III, 1,
429: „Wenn sie nach der Freilassung mit geschorenem
Haare und bedecktem Haupt erschienen, so war dies zunächst nichts als die Annahme der gemeinen bürgerlichen
Weise."

Diese Ansicht setzt voraus, dass im ältesten Rom
das kurzgeschorene Haar das Zeichen des Freien, langes
Haar das des Knechtes war. Sonst besteht indes allge-
mein, wie ja auch an sich natürlich, der entgegengesetzte
Brauch: langes Haar kommt dem freien Manne zu, dem
Knechte wird das Haar abgeschnitten. Dass auch die
Römer der älteren Zeit das Haar wachsen liessen, lehrt
die Überlieferung, an deren Richtigkeit zu zweifeln kein
Grund vorliegt.[2]) Es muss daher dem Abrasieren des
Haares bei der Freilassung ein andrer Sinn zu Grunde

---

[1]) Serv. Verg. Aen. VIII, 564 (Feronia) *etiam libertorum dea est,
in cuius templo raso capite pilleum accipiebant.*

Non. p. 528, 19. *Qui liberi fiebant, ea causa calvi erant, ut nau-
fragio liberati solent, quod tempestatem servitutis viderentur effugere.*

Plaut. Amphitr. 461. *quod ille faxit Iuppiter,*
Ut ego hodie raso capite calvos capiam pilleum.

Liv. 45, 44, 19. (Prusiam) *pileatum capite raso, obviam ire le-
gatis solitum libertumque se populi Romani ferre.*

Auch bei den Beduinen scheren sich die männlichen Sklaven,
die freigegeben werden, zum Zeichen der Emancipation den Kopf.
Burckhardt, Bemerkungen über die Beduinen und Wahaby (Weimar
1831) S. 147.

[2]) Marquardt, Privatleben S. 598, 2. Becker-Göll, Gallus III,
237.

liegen, und diesen hat schon Otto Jahn erkannt [1]): das Haar wird den Göttern zum Opfer gebracht. Dazu passt vollkommen die Verhüllung des Kopfes, die, wie vorher dargelegt, durch den *pileus* angedeutet ist. Denn das Abschneiden des Haares kommt in ganz derselben Bedeutung vor wie die Verhüllung, d. h. als Substitutionsopfer. [2])

Dass die römischen Freilassungsceremonien Sühnriten sind, ist, wie ich hoffe, durch die vorangegangenen Darlegungen erwiesen; dass sie wirklich, wie schon angedeutet, Einweihungsriten sind, ergiebt sich aus der Vergleichung mit den Hochzeitsceremonien der Römer und anderer Völker. [3])

---

[1]) Persius ed. O. Jahn (Lips. 1843), p. 138.

[2]) Wieseler, Philologus 9, 711 ff. Rohde, Psyche I, 17, Anm. 1. Spencer, Principien der Sociologie I, 203. Mehr über Haaropfer wird weiter unten vorzubringen sein.

[3]) Nach den Scholien zu Verg. Aen. VIII, 564 fand die Freilassungsceremonie im Tempel der Feronia statt. Die Notiz des Interpol. Serv. (*in huius templo Tarracinae sedile lapideum fuit, in quo hic versus incisus erat: „bene meriti servi sedeant, surgant liberi.“ quam Varro Libertatem deam dicit, Feroniam quasi Fidoniam*) bezieht sich indes nur auf den Tempel in Terracina, die Bemerkung des Servius selbst nennt keinen bestimmten Tempel, geht aber doch wohl auf das gleiche Heiligtum, ebenso wie Virgil Aen. VII, 799, auf den der Scholiast Bezug nimmt. Ein stadtrömischer Tempel der Feronia ist nicht bekannt. C. I. L. IX, 4873 (irrtümlich VI, 146 als stadtrömisch bezeichnet) bezieht sich auf das Heiligtum bei Trebula Mutuesca. Für die Inschrift VI, 147 ist der stadtrömische Ursprung nicht sicher bezeugt. Livius 22, 1, 18 bezieht sich wohl, wie 1, 30, 5; 26, 11, 8; 27, 4, 14; 33, 26, 8, auf das Heiligtum am Soracte. In Rom selbst wird ein Fest der Göttin nur einmal in den Arvalacten (Henzen, Acta fratr. Arv. p. CCXL) erwähnt. Da somit in Rom selbst der Kult der Feronia offenbar keine grosse

IV.

Für die Vermählung der Römerin ist der übliche Ausdruck *nubere* oder *obnubere*.[1]) Dass der Ausdruck „verhüllen" die Bedeutung von „heiraten" angenommen hat, zeugt von der Wichtigkeit, die der Verhüllung unter den Hochzeitsceremonien zukommt. Die Verhüllung der römischen Braut geschieht durch das Anlegen eines Kopftuches von roter Farbe, des flammeum[2]), das auch zur Amtstracht der *flaminica* gehört.[3])

Bedeutung hatte und jedenfalls in den zahlreichen Erwähnungen der Freilassungsceremonie nirgends angedeutet wird, dass die Freilassung in einem Heiligtume der Göttin stattfand oder überhaupt mit ihr in Zusammenhang gebracht wurde, so darf man annehmen, dass der Freilassungsritus ursprünglich nichts mit dem Kulte der Feronia zu thun hatte, sondern nur in der lokalen Sitte von Terracina (dass auch in dem Tempel am Soracte ein ähnlicher Gebrauch bestand, vermutet Steuding in Roschers Lex. I, 1479 wegen der Darbringung von Weihgeschenken durch *libertinae*) in den Tempel der Göttin verlegt wurde. Eine Vermutung darüber, weshalb dies geschehen konnte, wird sich an einer späteren Stelle, im 5. Abschnitte, ergeben.

[1]) Fest. ep. p. 184, 4. *obnubit, caput operit, unde et nuptiae dictae a capitis opertione*. Fest. p. 170b, 24. *nuptias dictas esse ait — — Aelius et Cincius, quia flammeo caput nubentis obvolvatur, quod antiqui obnubere vocarint*.

[2]) Fest. ep. p. 89, 13 *flammeo amicitur nubens ominis boni causa, quod eo assidue utebatur flaminica, i. e. flaminis uxor, cui non licebat facere divortium*.

Schol. Juv. 6, 225 *flammea] genus amicti, quo se cooperiunt mulieres die nuptiarum; est enim sanguineum propter ruborem custodiendum*.

Plin. 21, 46 *lutei video honorem antiquissimum in nuptialibus flammeis totum feminis concessum*. Die Angabe des Non. p. 541, 28, wonach das *flammeum* allgemein — nicht bloss bei der Hochzeit — von den *matronae* getragen wurde, steht nicht in Einklang mit den

Weder die Verhüllung selbst, noch die rote Farbe
des Schleiers oder Kopftuchs ist auf römische Sitte beschränkt.')

Bei den Albanesen trägt die Braut einen roten
Schleier, und „ich bedeckte meine Tochter", sagt der
Albanese für „ich verlobte sie".') Bei den Neugriechen
wird das Gesicht der Braut mit einem feuerroten, gold-
befranzten Schleier verhüllt.') Bei den Serben wird sie
mit einem grossen weissen Tuche verhüllt') und auch
bei den Rumänen ist die Verhüllung üblich.') Bei den
Armeniern wurde — nach einer Schilderung des altchrist-
lichen Brauches — die Braut vom Kopf bis zu den

---

sonstigen Nachrichten; vermutlich liegt · nur ein Missverständnis
oder ein undeutlicher Ausdruck des Compilators vor.

³) Dass auch das *suffibulum* der Vestalinnen dem Wesen nach,
wenn auch nicht in allen Äusserlichkeiten, mit dem *flammeum*
identisch ist, hat Dragendorff (Die Amtstracht der Vestalinnen,
Rhein. Mus. 1896, 292) richtig erkannt.

¹) Für die Brautverhüllung hat L. v. Schroeder in seinem
Buche „Die Hochzeitsbräuche der Esten" (Berlin 1888), S. 72 ff.
Material gesammelt, das auch im folgenden benutzt ist.

²) Reinsberg-Düringsfeld, Hochzeitsbuch S. 62. Hahn, Albanes.
Studien I, 145, 196.

³) Reinsberg-Düringsfeld a. a. O. S. 59. Wachsmuth, Das alte
Griechenland im neuen S. 89. Über die Farbe des altgriechischen
Brautschleiers ist direkt nichts überliefert, doch weist Wachsmuth
a. a. O. S. 90, Anm. 43 mit Recht auf eine Stelle des Achilles Tatius
hin, nach der auch von den antiken Griechen die rote Farbe als
passend für die Hochzeit betrachtet wurde. Achill. Tat. II, 11
ἐώνητο τῇ κόρῃ τὰ πρὸς γάμον ... ἐσθῆτα δὲ τὸ πᾶν πορφυρᾶν.

⁴) Reinsberg-Düringsfeld a. a. O. S. 67.

⁵) Reinsberg-Düringsfeld a. a. O. S. 55.

Füssen in ein rotes Tuch gehüllt.[1]) Bei den Esten wurde
sie mit einem Tuche oder einem Laken ganz verhüllt.[2])
In Russisch-Karelien wird die Braut mit einem grossen,
viereckigen Tuche ganz bedeckt, so dass sie am Sehen
verhindert ist und geführt werden muss.[3]) Nach einem
andern Berichte aus Russland wird der Kopf der Braut
durch ein Tuch verhüllt, das nur die Augen und den
Haarzopf freilässt.[4]) Bei den Lappen wird der Braut
ein Tuch auf den Kopf um die Augen gelegt[5]), ebenso
bedeckt man bei den lutherischen Finnen in Ostfinn-
land beim ersten Anstecken des Weiberkopftuches der
Braut mit einem Tuche die Augen. Bei den griechisch-
katholischen Finnen wird der Braut der Kopf mit
einem Tuche so umwunden, dass sie weder sehen noch
hören kann.[6]) Bei den Mordwinen (an der mittleren
Wolga) wird der Braut gleichfalls ein Tuch über das Gesicht gehängt.[7]) Bei den Wotjäken bedeckt sich die
Braut zunächst, wenn sie aus dem Brauthaus geholt wird,
das Gesicht mit einem Tuche, ebenso kniet sie nach der
Ankunft im Hause des Gatten, das Gesicht mit einem

---

[1]) Anrich, Das antike Mysterienwesen S. 234. Auch der
Bräutigam wurde nach dem armenischen Ritus verhüllt.
[2]) v. Schroeder a. a. O. S. 72 f.
[3]) A. C. Winter, Eine Bauernhochzeit in Russ. Karelien (Globus,
Ztschr. f. Länder- u. Völkerkunde, 1899, 315).
[4]) Grosspietsch, Hochzeitsbräuche des russ. Landvolkes (Russ.
Revue X, 289).
[5]) v. Schroeder a. a. O. S. 74 f.
[6]) a. a. O. S. 75.
[7]) a. a. O. S. 75.

Tuche verhüllt, auf den Boden nieder.[1] Die ditmarsische Braut wurde am Haupte ganz verhüllt.[2] Auf Sylt wurde Haupt und Oberkörper der Braut durch einen Überhang verdeckt, in welchen später ein Viereck zum Heraussehen („wohlwollend, aber ohne Verständnis der alten Sitte", Weinhold a. a. O.) geschnitten wurde.[3] In der Oberpfalz empfing die Braut den Segen des Vaters auf einem Schemel knieend, mit einem weissen Tuche überdeckt.[4]

Als israelitischer Brauch ist die Verhüllung der Braut mit einem Kopftuche durch Genesis 24, 65[5] bezeugt.[6]

Bei den Abessiniern wurde die Braut vom Kopfe bis zu den Füssen dicht verhüllt, auch der Bräutigam verhüllt hier das Haupt.[7] Bei den Kaffern muss die Neuvermählte mit verhülltem Haupte einige Zeit in der Hütte sitzen bleiben.[8] In einer chinesischen, im Berliner Museum für Völkerkunde ausgestellten Hochzeitsdarstellung ist der Kopf der Braut, die von einer Verwandten in

---

[1] a. a. O. S. 76.

[2] Weinhold, Die deutschen Frauen im Mittelalter[3] I, 340.

[3] Weinhold a. a. O.

[4] Schoenwerth, Aus der Oberpfalz I, 76.

[5] Vgl. Dillmann, Genesis S. 307. v. Schroeder a. a. O. S. 207.

[6] Bei den Arabern ist die Braut allerdings auch verschleiert, da aber der Brauch des Islam auch sonst eine Verhüllung der Frau fordert, so ist dies, wie v. Schroeder a. a. O. S. 206 hervorhebt, kein spezieller Hochzeitsbrauch.

[7] Hellwald, Naturgeschichte des Menschen II, 263.

[8] Waitz, Anthropologie der Naturvölker II, 388.

das Haus des Bräutigams geleitet wird, ganz von einem roten Tuche verhüllt.

Im dritten Abschnitte (S. 37) hatte ich bei der Besprechung des *pileus* darauf hingewiesen, dass im Lustrationsritus an die Stelle einer wirklichen Verhüllung häufig die Anlegung einer blossen Binde getreten ist. Etwas Ähnliches wie dort finden wir bei einigen Völkern auch im Hochzeitsbrauche: an Stelle des roten Kopftuches trägt die Braut mehrfach ein rotes Halsband oder einen blossen Faden von roter Seide.

Bei den Indern legen die Verwandten der Braut ein halb rotes, halb schwarzes Halsband von Schafwolle oder Flachs an.[1]) Um Fronau in der Oberpfalz trug die Braut um den Hals zwei Halstücher von schwarz- und weiss-roter Farbe, deren Enden die Schulter hinab am Rücken hängen[2]), und eine gleichartige Tracht war auch im Lechraine und auch sonst in schwäbischen und bayrischen Gegenden üblich.[3]) Im Havellande trug die Braut einen Faden von roter Seide um den Hals.[4]) In Westfalen wurde an der Haube der Braut ein rotseidener Faden befestigt.[5]) Im südwestlichen Kärnten trägt die Braut

---

[1]) Haas in Webers indischen Studien V, 308.

[2]) Schoenwerth, Aus der Oberpfalz I, 82.

[3]) Weinhold a. a. O. I, 339.

[4]) Kuhn und Schwarz, Norddeutsche Sagen, Märchen und Gebräuche S. 433. Prediger und Küster erhalten hier bei der Hochzeit ein Glas Bier, ein Licht und einen Rosmarinstengel, mit einem Faden roter Florettseide, wie ihn auch die Braut um den Hals trägt, umwunden.

[5]) Kuhn, Sagen, Gebräuche und Märchen aus Westfalen II, 41, 110.

4*

einen roten Faden um den Hut; früher hatte sie ihn um die Stirn, und ein rotes Band durchflocht den Zopf.[1]

Wie erklären sich nun die eben angeführten Hochzeitsriten?

Rossbach[2] identificiert das flammeum mit dem Schleier der römischen Hausfrau. Das ist insofern richtig, als in der Verhüllung beim römischen Opfer der gleiche lustrale Ritus vorliegt, wie bei der Verhüllung der Braut.[3] Wenn er aber meint, die Braut werde deswegen mit dem flammeum angethan, weil sie fortan an der Seite ihres Mannes auf dem Hausherde zu opfern und für das Opferfeuer zu sorgen habe, also notwendig mit dem Opferschleier verhüllt sein müsse, so wird diese Auffassung dadurch widerlegt, dass die Verhüllung der Braut, wie wir sahen, auch bei andern Völkern stattfand, bei denen eine Verhüllung des Opfernden nicht wie bei den Römern üblich war.[4]

Auch in Bezug auf die Erklärung der roten Farbe des flammeum hat Rossbach geirrt. Er erklärt diese für ein Symbol des Feuers.[5] Dabei hat er indes nur die

---

[1] Weinhold a. a. O.

[2] Rossbach, Untersuchungen über die römische Ehe S. 285.

[3] Vgl. Diels, Sibyllinische Blätter S. 122. Weinhold a. a. O. I, 340.

[4] Eine andere, ebenfalls unzutreffende Erklärung giebt Rossa. a. O. S. 281 f.: das flammeum soll, wie das Kopftuch des Weibes überhaupt, die häusliche Sittsamkeit, Ordnung und Gebundenheit bezeichnen.

[5] a. a. O. S. 284. Dieselbe Deutung giebt, im Anschluss an Rossbach, Weber (Ind. Stud. V, 308) der roten Farbe im Halsband der Braut.

einzelne Verwendung der röten Farbe im flammeum ins
Auge gefasst. Rot oder Purpur wird aber auch sonst im
Kulte, bei der Lustration sehr häufig gebraucht. Man
darf daher nicht eine einzelne Verwendung herausgreifen und
gesondert erklären, sondern muss eine für alle verwandten
Fälle zutreffende Erklärung geben, wie Hermann Diels[1])
dies gethan: das purpurne oder rote Gewandstück ahmt
die Farbe des Blutes nach. Wie man die zu Entsühnenden
mit dem Blute des Opfertiers besprengt und dadurch
symbolisch an ihnen die Opferhandlung vollzieht, so
werden sie auch durch Anlegen des blutfarbenen Ge-
wandes als Substitute des blutigen Opfers bezeichnet.[2])

Bei den Römern finden wir in einer grossen Reihe
von Fällen eine derartige sacrale Verwendung der Purpurfarbe. Von den purpurnen Kleidungsstücken der flaminica, von ihrem tutulus, dem flammeum, dem venenatum
und der rica war schon vorher die Rede (S. 40).

---

[1]) a. a. O. S. 70. Diels hat auch zuerst darauf hingewiesen,
dass das Anlegen des flammeum als Sühnritus aufzufassen ist.

[2]) Mit Unrecht bestreitet Erwin Rohde (Psyche I, 226, 3), dass
die Kultbedeutung des Purpurs mit der Farbe des Blutes zusammenhängt. In Riten von Naturvölkern ist die Ersetzung des wirklichen
Blutes durch die rote Farbe noch deutlich zu verfolgen. In Guinea
werden beim Opfer häufig die Idole nur mit Blut beschmiert, während das Opferfleisch verzehrt wird. Ebenso reiben die Ostjaken,
wenn sie ein Tier schlachten, ihren Götzen etwas Blut auf den
Mund, hier wird aber das Blut manchmal durch rote Farbe ersetzt,
ebenso wie auch am Kongo die Fetische an jedem Neumonde mit
roter Farbe bestrichen werden (Lubbock, Entstehung der Civilisation,
deutsche Ausgabe S. 302). Vgl. Schneider, Religion der afrikanischen
Naturvölker S. 182. Andrew Lang, Custom and myth. p. 52.
Liebrecht, Zur Volkskunde S. 395.

Purpurn ist auch das Gewand des flamen und des Augurn, die *trabea*.[1]) Dass diese purpurne *trabea* einen priesterlichen, lustralen Charakter hat und nicht etwa ursprünglich eine Kriegstracht war, wie Mommsen (Staatsrecht I, 414) meinte, habe ich im Philologus LVI, 394 ff. dargelegt: ausser dem flamen tragen dieses Purpurkleid die Salier[2]) — in Verbindung mit dem apex oder pileus, dessen Bedeutung im vorigen Kapitel nachgewiesen — sowie auch die Consuln und die Ritter, in alter Zeit[3]) aber nur bei religiösen Feiern, die Ritter — zugleich mit dem Oelkranz — bei der Procession an den Iden des März[4]), der Consul, wenn er den Janustempel schliesst.[5]) Ferner wird die trabea bei der Ceremonie der Städtegründung angelegt[6]), bei welcher der Sühnritus der Haupt-

[1]) Serv. Verg. Aen. VII, 188. *succinctus trabea] toga est augurum de cocco et purpura.* Ebenda 190. *ancile et trabea communia sunt* (auguri) *cum Diali vel Martiali sacerdote.* 612. *Suetonius in libro de genere vestium* (p. 266 Reifferscheidt) *dicit tria genera esse trabearum: unum dis sacratum, quod est tantum de purpura; aliud regum, quod est purpureum, habet tamen album aliquid; tertium augurale de purpura et cocco.*

[2]) Dionys. II, 70, 2. τηβέννας ἐμπεπορπημένοι περιπορφύρους φοινικοπαρύφους, ἃς καλοῦσι τραβέας (ἔστι δ᾽ ἐπιχώριος αὕτη ῾Ρωμαίοις ἐσθὴς ἐν τοῖς πάνυ τιμία) καὶ τὰς καλουμένας ἀπίκας ἐπικείμενοι ταῖς κεφαλαῖς, πίλους ὑψηλοὺς εἰς σχῆμα συναγομένους κωνοειδές, ἃς ῞Ελληνες προσαγορεύουσι κυρβασίας.

[3]) In späterer Zeit ist die trabea allgemeines Ehrenkleid der Ritter geworden. Vgl. Mommsen, Staatsrecht III, 1, 513, Anm. 2.

[4]) Dionys. VI, 13, 4. Vgl. über diese Stelle Samter im Philologus LVI, 396.

[5]) Verg. Aen. VII, 611.

[6]) Serv. Verg, Aen. VII, 612 (cod. Turonensis, in Thilos Ausgabe unter dem Texte). *trabea est vestis imperialis, qua imperator vel consul indutus solebat designare locum, ubi civitas aedificanda erat.*

verhüllung zu dem Purpurgewande tritt.[1]) Eine Art der trabea wird auch im Kriege getragen, angeblich, damit die Blutfarbe die Blutflecken verberge.[2]) Genau dieselbe rationalistische Erklärung führen Isidor[3]) und Plutarch[4]) für das Purpurgewand der spartanischen Krieger an. Die wahre Bedeutung des letzteren und damit auch des entsprechenden römischen Brauches hat Otto Gruppe[5]) richtig erkannt: der Soldat, der das blutfarbene Gewand anlegt, weiht sich symbolisch dem Orcus.[6])

Auch sonst finden wir bei den Griechen wie bei den

---

[1]) Serv. Verg. Aen. V, 755. Auch die purpurverbrämte praetexta der Priester und Beamten hat die ursprüngliche sacrale Bedeutung bewahrt (Diels a. a. O. S. 70 u. 51).

[2]) Serv. Aen. VII, 612 (in Thilos Ausgabe unter dem Texte). *quidam dicunt esse tria genera trabearum regiam, quirinalem, trosulam. — — Trosula, quae purpura coccoque praetexta conficitur, cui idcirco coccum adhibetur, quod russati antea proeliabantur propter vulnera et aspersiones sanguinis, quo posset hoc colore velari, unde russati vocabantur.*

[3]) Isidor. orig. 19, 22, 10. *Russata, quam Graeci phoeniceam vocant, nos coccineam, reperta a Lacedaemoniis ad celandum coloris similitudine sanguinem, quotiens quis in acie vulneraretur, ne contemplanti adversario animus augesceret. Hac sub consulibus Romanis usi sunt milites, unde etiam russati vocabantur.*

[4]) Plutarch. inst. Lac. 24.

[5]) Gruppe, de Cadmi fabula (Progr. des Askan. Gymn. zu Berlin 1891) p. 12.

[6]) Eine Analogie dazu, d. h. zum Zeichen des Substitutionsopfers, bietet ein arabischer Brauch. Bei den alten Arabern rasierten sich die Krieger den Kopf, bevor sie in die Schlacht zogen, um anzuzeigen, dass sie sich dem Tode weihten (Goldziher, Le sacrifice de la chevelure chez les Arabes, Revue de l'histoire des religions 1886, 51).

Römern noch vielfach die sacrale Verwendung des Pur-
purgewandes und überhaupt der Purpurfarbe. [1]) Die
Spartaner, die in der φοινιχίς in den Kampf zogen, wurden
in ihr auch begraben. [2]) In eine φοινιχίς hüllen die Ka-
biren das Haupt des von ihnen ermordeten Bruders und
bestatten es so. [3]) In einem Purpurtuche bringen die
Athener die Gebeine des Rhesus zum Strymon. [4]) Auch
Hektors Gebeine werden πορφυρέοις πέπλοισι umhüllt. [5])
In rotem Gewande wird Iphigenie zum Tode geführt. [6])
In rotem Gewande opfert der Archon von Plataeae, der
sonst nur weisse Kleider tragen darf, alljährlich auf den
Gräbern der in der Schlacht bei Plataeae Gefallenen [7]);
rotes Gewand trägt man bei den Opfern, die den Eume-

---

[1]) Vgl. Gruppe a. a. O. und E. Rohde, Psyche I, 226, 3, deren
Zusammenstellungen die oben angeführten Beispiele entnommen sind.

[2]) Plutarch. Lycurg. 27. ἐν φοινιχίδι καὶ φύλλοις θέντες τὸ σῶμα
περιέστελλον.

[3]) Clemens Alex. Protrept. c. II, 19. τὴν κεφαλὴν τοῦ νεκροῦ
φοινιχίδι ἐπεκαλυψάτην καὶ καταστέψαντε ἐθαψάτην.

[4]) Polyain. VI, 53. καταθέντες τὰ ὀστᾶ ἐς χλαμύδα πορφυρᾶν
κομίζουσιν ἐπὶ τὸν Στρυμόνα.

[5]) Ilias 24, 796. — Ganz ebenso werden bei den Neuseeländern
die Gebeine des Häuptlings mit einer rotgefärbten Decke umhüllt.
Sie werden dann in einen mit roter Farbe eingeriebenen Kasten
gethan und in ein bemaltes Grab gebracht; unweit desselben wird
ein Denkmal von gleicher Farbe aufgestellt (Lubbock, Entstehung
der Civilisation S. 256).

[6]) Aeschyl. Agam. 226.

[7]) Plutarch. Arist. 21. τῶν Πλαταιέων ὁ ἄρχων, ᾧ τὸν ἄλλον
χρόνον οὔτε σιδήρου θιγεῖν ἔξεστιν οὔθ' ἑτέραν ἐσθῆτα πλὴν λευκῆς
ἀναλαβεῖν, τότε χιτῶνα φοινιχοῦν ἐνδεδυκὼς ἀράμενός τε ὑδρίαν ἀπὸ
τοῦ γραμματοφυλαχίου ξιφήρης ἐπὶ τοὺς τάφρους προάγει διὰ μέσης
τῆς πόλεως.

niden dargebracht werden[1]), rote Wolle wird zu Sühnungen
verwendet.[2]) Die φοινιχίδες schütteln die Priester, die
einen feierlichen Fluch aussprechen.[3]) Auch als Grabes-
spenden werden rote Gewänder dargebracht.[4])

In den Kreis aller dieser Fälle gehört auch das rote
flammeum der römischen Braut. Auch das Anlegen des
flammeum ist also ein Zeichen des Substitutionsopfers,
das hier durch die rote Farbe und durch die Verhüllung
des Kopfes symbolisiert wird. Was aber dieses sym-
bolische Opfer bei der Hochzeit zu bedeuten hat, ergiebt
sich aus den vorausgegangenen Ausführungen. Wie die
griechische Braut durch die χαταχύσματα die Hausgötter
ihres Gatten, die ihr bis dahin fremd waren, zu versöhnen
sucht, so thut die Braut bei den Römern und bei zahlreichen
andern Völkern das Gleiche, indem sie durch das Anlegen des roten Kopftuches symbolisch sich selbst zum
Opfer weiht.[5])

---

[1]) Aeschyl. Eumen. 1006.

[2]) Clem. Alex. Strom. VII, 4, 26 (p. 843). Etym. mag. 429, 43.

[3]) Lys. χατ' 'Ανδοχίδ. 51. ἱέρειαι χαὶ ἱερεῖς στάντες χατηράσαντο
πρὸς ἑσπέραν χαὶ φοινιχίδας ἀνέσεισαν χατὰ τὸ νόμιμον τὸ παλαιὸν χαὶ
ἀρχαῖον.

[4]) Eurip. Orest. 1436. Verg. Aen. VI, 221. Vgl. Interpol.
Serv. Aen. III, 67.

[5]) In zweien der oben (S. 49 f.) angeführten Fälle (bei den Wotjäken und in der Oberpfalz) findet die Verhüllung, wie ausdrücklich
angegeben wird, beim Abschiede aus dem Elternhause statt. Für
diese Fälle trifft die oben gegebene Deutung also nicht zu. Wie
sie zu erklären sind, wird sich weiter unten ergeben. Schon hier
betont sei, dass, wie in diesen Fällen, die Verhüllung der Braut
auch wohl sonst ausser mit der Aufnahme in das Haus des Gatten,
von der oben die Rede war, auch mit der Entlassung aus dem
Elternhause zusammenhängt.

Ebenso wie das Anlegen des flammeum bei der
Hochzeit ist auch, wie im vorhergehenden Abschnitte gezeigt, das Aufsetzen des pileus ein Ersatz der Verhüllung.
Hochzeit und Freilassung haben also diese Ceremonie gemeinsam, und auch den zweiten Ritus der Freilassung,
das Abschneiden der Haare, finden wir bei den Hochzeitsceremonien wieder. Direkt überliefert ist es allerdings
nicht, dass der römischen Braut das Haar abgeschnitten
wurde. Allein schon Rossbach[1]) hat — im Anschluss
an Hartung — zur Erklärung der *hasta caelibaris*[2]) mit
grosser Wahrscheinlichkeit vermutet, dass man mit dieser
hasta einst das Haar der Braut abgeschnitten hat. Rossbach hatte auf die Analogie der Vestalinnen hingewiesen,
denen beim Eintritt in ihren Dienst ein Teil des Haares
abgeschnitten wurde.[3]) Durch Dragendorffs Untersuchungen
über die Amtstracht der Vestalinnen[4]) ist diese Vermutung
gesichert worden. Dragendorff hat gezeigt, dass die
Bräuche, durch welche die Vestalinnen in ihr Amt eingeführt werden, nichts anderes sind als die Hochzeitsbräuche. Wenn also die Vestalin bei der Aufnahme in
das Priestertum ihr Haar der Vesta opferte, so darf man
das Gleiche sicher auch bei der römischen Braut voraus-

---

[1]) a. a. O. S. 291.
[2]) Fest. ep. p. 62, 16. *Caelibari hasta caput nubentis comebatur.*
Arnob. II, 67. *nubentium crinem caelibari hasta mulcetis.* Ovid. fast. II,
560. Plutarch. quaest. Rom. 87. Romulus 15.
[3]) Plin. 16, 285. *incerta eius* (arboris) *aetas, quae capillata dicitur,
quoniam Vestalium virginum capillus ad eam defertur.* Fest. ep. p. 57, 17.
[4]) Rhein. Mus. 1896, 281.

setzen, um so eher, als das Haarabschneiden bei der
Hochzeit ja auch noch bei andern Völkern üblich war.[1])

Freilassungs- und Hochzeitsceremonien stimmen demnach in zwei wesentlichen Stücken überein. Wir dürfen
daher annehmen, dass die übereinstimmenden Bräuche in
beiden Fällen den gleichen Grund haben: die Uebereinstimmung erklärt sich daraus, dass in beiden Fällen ein
neues Mitglied in die Kultgemeinschaft des Hauses und
der gens[2]) aufgenommen wird, sie bestätigt also die oben
angedeutete Auffassung, dass, wie die Hochzeitsbräuche,
so auch die Ceremonien der Freilassung als Aufnahme-
oder Einweihungsriten zu betrachten sind.

V.

Einige Tage[3]) nach der Geburt eines Kindes fand in
Griechenland oder wenigstens in Athen eine Reinigung

---

[1]) Über den spartanischen Brauch vgl. Plutarch. Lycurg. 15; über
Haaropfer bei der Hochzeit in andern Teilen Griechenlands vergl.
die Zusammenstellungen von Deschamps und Cousin im Bull. de
corr. hell. 1888, 481. Ein ursprünglicher Zusammenhang mit dem
häuslichen Kulte ist bei diesen griechischen Haaropfern allerdings
nicht zu erweisen. Über einen ähnlichen indischen Brauch wird
an einer späteren Stelle zu sprechen sein.

[2]) Dass, ebenso wie der Freigelassene den Namen des Frei-
lassers, auch die Braut einst den Gentilnamen des Gatten angenommen, hat Mommsen aus der von der Braut gesprochenen Formel
„*ubi tu Caius, ego Caia*" mit Recht geschlossen (Röm. Forschungen I,
11 ff.; Staatsrecht III, 35).

[3]) Nach Suidas und den Scholien zu Platos Theaetet. p. 160 E
(vgl. Plaut. Trucul. 423 f.) am 5., nach Hesych. s. v. δρομιάμφιον
ἦμαρ am 7., nach den Schol. zu Aristoph. Lysistr. 758 am 10. Tage.

der mit der Wöchnerin in Berührung gekommenen Personen (und natürlich auch der Wöchnerin selbst) statt. Daran schliesst sich eine Feier, bei der das neugeborne Kind um den Herd getragen wurde [1]), ein Ritus, nach dem das Fest den Namen ἀμφιδρόμια erhielt.[2]) Ein sehr altertümlicher Zug der Feier ist es, dass die Beteiligten nackt um den Herd laufen.[3]) Wir finden hier ein weiteres Beispiel der ritualen Nacktheit, über deren häufiges Vorkommen im Kulte Weinhold in den Abhandlungen der Berliner Akademie 1896, 1/50 gehandelt hat.[4])

Häufig fand an den Amphidromien die Namengebung statt.[5]), doch war dies nicht immer der Fall, wie aus der angeführten Suidasstelle ersichtlich. Vermutlich geschah es in der Regel nur dann, wenn die Lustration erst am 7. oder 10., nicht am 5. Tage nach der Geburt vollzogen

---

[1]) Suid. ἀμφιδρόμια· τὴν πέμπτην ἄγουσιν ἐπὶ τοῖς βρέφεσιν, ἐν ᾗ ἀποκαθαίρονται τὰς χεῖρας αἱ συναψάμεναι τῆς μαιώσεως, τὸ δὲ βρέφος περιφέρουσι τὴν ἑστίαν τρέχοντες καὶ δῶρα πέμπουσιν οἱ προσήκοντες, ὡς ἐπὶ πλεῖστον πολύποδας καὶ σηπίας, τῇ δεκάτῃ δὲ τὸ ὄνομα τίθενται. Harpokrat., Etym. magn. s. v., Paroemiogr. Graec. ed. Leutsch II, 278. — Nach Schol. Aristoph. a. a. O. legte man das Kind nieder und ging herum.

[2]) Vgl. Stengel in Pauly-Wissowas Realencyclopädie I, 1901.

[3]) Hesych. δρομιάμφιον ἦμαρ· ἀμφιδρόμια· ἔστι δὲ ἡμερῶν ἑπτὰ ἀπὸ τῆς γεννήσεως, ἐν ᾗ τὸ βρέφος βαστάζοντες περὶ τὴν ἑστίαν γυμνοὶ τρέχουσιν.

[4]) Vgl. auch Dümmler, Sittengeschichtliche Parallelen (Philologus 1897, 5 f.).

[5]) Hesych. ἀμφιδρόμια· ἡμέρα ἀγομένη τοῖς παιδίοις, ἐν ᾗ τὸ βρέφος περὶ τὴν ἑστίαν ἔφερον τρέχοντες κύκλῳ καὶ ἐπετίθεσαν αὐτῷ ὄνομα. Schol. Aristoph. a. a. O. Schol. Plat. a. a. O.

wurde, denn vor dem 7. Tage pflegte der Name nicht gegeben zu werden.[1])

Preuner, der die Amphidromien in seiner „Hestia-Vesta" ausführlich bespricht, meint S. 53, die Bedeutung des Laufes um den Herd führe nicht sowohl auf die ernährende, erhaltende, gewissermassen fortzeugende Kraft des Familienherdes als auf die heilige Kraft des reinen Feuers, und betont S. 59 noch einmal, dass dabei die Hestia nicht als Symbol der Familie gedacht sei. Auch Erwin Rohde[2]) denkt bei den Amphidromien nur an eine Reinigung durch heiliges Feuer, ohne die Bedeutung der ἑστία als Heiligtum des Hauses zu beachten. Dass dies nicht zutrifft, dass es sich vielmehr bei dem Ritus der Amphidromien nicht nur um eine Reinigungs-, sondern zugleich um eine Aufnahmeceremonie handelt, kann man vielleicht schon den Worten Platos im Theaetet[3]) entnehmen, aus denen hervorgeht, dass bei den Amphidromien entschieden wurde, ob das Kind auferzogen werden sollte, dass es also gerade durch dieses Fest in die Gemeinschaft der Familie aufgenommen wurde. Sicher aber erwiesen wird diese

---

[1]) Aristot. hist. animal. VII, 67. Harpokrat. ἑβδομευομένου· τοῖς ἀποτεχθεῖσι παιδίοις τὰς ἑβδόμας καὶ τὰς δεκάτας ἦγον, καὶ τά γε ὀνόματα ἐτίθεντο αὐτοῖς οἱ μὲν τῇ ἑβδόμῃ, οἱ δὲ τῇ δεκάτῃ. Am häufigsten war anscheinend die Namensgebung am 10. Tage: Demosth. 39, 20. Isaeus. 3, 30. Aristoph. Vögel 922. Hesych. s. v. δεκάτην θύομεν, Suid. s. v. δεκάτην ἑστιᾶσαι.

[2]) Psyche II, 72.

[3]) Plat. Theaet. p. 160 E. τοῦτο μὲν δὴ, ὡς ἔοικε, μόλις ποτὲ ἐγεννήσαμεν, ὅ τι δήποτε καὶ τυγχάνει ὄν. μετὰ δὲ τὸν τόκον τὰ ἀμφιδρόμια αὐτοῦ ὡς ἀληθῶς ἐν κύκλῳ περιθρεκτέον, σκοπουμένους μὴ λάθῃ ἡμᾶς οὐκ ἄξιον ὄν τροφῆς τὸ γιγνόμενον.

Auffassung des Brauches durch die Vergleichung mit dem Hochzeitsritus: das um den Herdtragen des Kindes entspricht, wie auch Mannhardt[1]) richtig erkannt hat, genau dem vorher besprochenen Brauche, die Braut (und ebenso den neuen Knecht) beim Eintritt in das neue Haus an oder um den Herd zu führen.

Das römische Gegenstück zu den griechischen Amphidromien ist der *dies lustricus*, an welchem das Kind den Namen erhält, der 9. Tag bei Knaben, der 8. bei Mädchen.[2]) Wie der Name zeigt, findet auch in Rom kurz nach der Geburt eine Sühnung statt. Dass ein Opfer damit verbunden, bezeugt Tertullian a. a. O. Ob die Ceremonie des *tollere*[3]) oder *suscipere*[4]) des Kindes, durch die der Vater es anerkannte, am *dies lustricus* vollzogen wurde, wie man entsprechend dem griechischen Brauche der Amphidromien annehmen möchte, ist nicht überliefert, und auch sonst wird leider nichts Näheres über die Art der Feier berichtet. Eine Vergleichung mit den Hochzeitsceremonien ist daher hier nicht möglich. Aus den

---

[1]) Mytholog. Forschungen I, 370.

[2]) Macrob. Sat. I, 16, 36. *Est etiam Nundina Romanorum dea a nono die nascentium nuncupata, quia lustricus dicitur. est autem lustricus dies, quo infantes lustrantur et nomen accipiunt, sed is maribus nonus, octavus est feminis.* Fest. ep. p. 120, 19. *Lustrici dies infantium appellantur, puellarum octavus, puerorum nonus, quia his lustrantur atque eis nomina imponuntur.* Bei Tertull. de idol. 16 wird das Fest als *nominalia* bezeichnet. Vgl. Marquardt-Mau, Privatleben der Römer S. 83.

[3]) Terent. Heautontim. 626 ff. Andr. 219. Plaut. Amphitr. 501. Quintil. inst. orat. 4, 2, 42; 8, 6, 97.

[4]) Terent. Andr. 401. Cic. ad Att. 11, 9, 3.

römischen Angaben allein liesse es sich deshalb nicht
entnehmen, ob es sich beim *dies lustricus* nicht nur um
eine Reinigung von Befleckung, sondern zugleich um eine
Sühnung zur Aufnahme in den Haushalt handelt, wahrscheinlich aber wird diese letztere Auffassung durch die
Vergleichung mit dem griechischen Brauche und den im
Folgenden angeführten Riten anderer Völker.

Eine Analogie zu der griechischen Sitte, das Kind
am Herde niederzulegen[1]), finden wir in einem littauischen
Brauche.[2]) Das von der Taufe heimgebrachte Kind wird
sofort an den Ofen oder unter die Ofenbank gelegt oder
auch sogleich dem Vater dargereicht.[3])

Verwandt ist ein bei den Russen im Gouvernement
Kasan üblicher Taufbrauch. „Ehe ein Neugeborenes zur
Taufe zum Priester getragen wird, legt die weise Frau
es mit dem Kopfe zum Heiligenbild auf einen Schafs-
pelz, der auf die Diele gedeckt ist, die Wolle nach oben;

---

[1]) Vgl. oben S. 60, Anm. 1.

[2]) Schleich, Sitzungsberichte der Wiener Akad. der Wissenschaften 1852, Bd. IX, 532. — Im württemberg. Oberamt Öhringen
legte noch bis vor Kurzem die Hebamme das Neugeborene auf den
Boden, von dem es der Vater aufhob (E. H. Meyer, Bad. Volksleben
im 19. Jahrhundert S. 15).

[3]) Dass das Kind durch diese Ceremonien in das Haus aufgenommen wird, hat Lippert (Christentum, Aberglaube und Volksbrauch S. 485) richtig erkannt. Schleich bemerkt a. a. O., es solle
dadurch Ähnliches bewirkt werden, wie durch das Schweigen der
Paten auf dem Wege zur Kirche, d. h. das Kind soll dadurch ein
ruhiges werden. In welchem Zusammenhange sollte aber diese
Wirkung mit einem Niederlegen am Ofen stehen? Sicherlich liegt
hier entweder ein Missverständnis des Berichtenden oder eine
spätere Umdeutung des Brauches vor.

von dort nimmt es die Patin. Dieser giebt die weise Frau, dass sie es in den Busen steckt, ein Stückchen Brot und Salz, bindet dann Kohle und ein bisschen Lehm vom Stubenofen (Herd = Altar) in ein Bündelchen, das sie ihr gleichfalls giebt, mit der Weisung, es auf einem Kreuzweg über die rechte Schulter zu werfen und dabei, ohne sich umzusehen, zu sprechen: ‚Herr Jesu Christe, erbarme dich über uns[1])!' — — Nach der Taufe wird das Kind wieder auf den Pelz gelegt." (A. C. Winter im Globus 1899, 319.) Der altheidnische Brauch hat hier eine christliche Färbung erhalten. Das Heiligenbild ist, wie auch bei russischen Hochzeitsgebräuchen[2]), an die Stelle der alten Hausgötter getreten. Den Pelz erklärt der Berichterstatter mit Recht als den Überrest eines Opfers, ebenso wie das Schafsfell, auf das in Russ.-Karelien die Braut, gleich der römischen[3]), gesetzt wird. Beachtenswert ist auch hier wieder die Übereinstimmung von Hochzeits- und Geburtsbräuchen, die sich auch sonst beobachten lässt.

Dass die καταχύσματα, wie bei der Aufnahme der Braut und des Sklaven, so auch vielfach bei dem neugeborenen Kinde üblich waren, ist schon im ersten Abschnitte hervorgehoben worden. Als eine weitere Hochzeitsceremonie (bei Hochzeit und Freilassung) lernten wir im

---

[1]) Die Anrufung Christi ist natürlich, wie das Heiligenbild, späterer Zusatz. Über die Verbindung von Herd und Kreuzweg vgl. den Anhang. In Bezug auf das Verbot, sich umzusehen, vgl. oben S. 4 f. u. S. 21.

[2]) S. 23, Anm. 3.

[3]) Vgl. Rossbach, Röm. Ehe S. 112 u. 324.

3. und 4. Kapitel das Haarabschneiden kennen. Auch dieser Ritus wird bei vielen Völkern auch am Kinde als ein Zeichen der Einweihung vollzogen, gewöhnlich einige Tage, bisweilen aber auch erst einige Jahre nach der Geburt.

Tertullian führt —nach Varro — eine Anzahl religiöser Gebräuche an, die in Rom kurz vor und nach der Geburt geübt werden. Nachdem er erwähnt, dass die schwangere Frau ihren Leib mit Binden umwindet, spricht er von den Opfern und Gebeten, die an Juno Lucina, Diana, die Fata Scribunda, Statina gerichtet werden, und knüpft hieran die Bemerkung, der Vater pflege aus dem Haupte seines Kindes einige Haare zu ziehen oder es ganz abzuscheren[1]). Wann freilich eine solche Ceremonie stattfand und ob überhaupt zu einer bestimmten Zeit, lässt sich nicht feststellen, dass aber ein solches Haaropfer allgemeiner Brauch war, muss man doch wohl aus den Worten des Kirchenvaters entnehmen.

Aus dem alten Griechenland ist ein Haaropfer beim neugebornen Kinde nicht überliefert, vielleicht darf man aber auf seine Existenz daraus schliessen, dass in einigen Teilen des neuen Griechenlands ein solcher Brauch üblich

---

[1]) Tertull. de anima 39. *omnes idololatria obstetrice nascuntur, dum ipsi adhuc uteri infulis apud idola confectis redimiti genimina sua daemoniorum candidata profitentur, dum in partu Lucinae et Dianae heiulatur, dum per totam hebdomadam Iunoni mensa proponitur, dum ultima die Fata scribunda advocantur, dum prima etiam constitutio infantis super terram Statinae deae sacrum est. quis non exinde aut totum filii caput reatui vovet aut aliquem excipit crinem aut totum novacula prosecat?*

ist oder war. In der Maina und anderswo, z. B. in Patras, schneidet der Priester bei der Taufe dem Kinde dreimal einige Haare ab und wirft sie in das Taufbecken [1]). Über das Haarabschneiden bei der Einweihungsceremonie, die im alten Indien gewöhnlich im dritten Jahre an dem Kinde vollzogen und bei der die seiner Familie eigentümliche Haartracht hergestellt wurde, vgl. Oldenberg, Religion des Veda S. 425 und 466. Als Opfer wird das Scheren des Haares in der vedischen Zeit nach Oldenbergs Angaben nicht mehr empfunden, doch erkennt auch Oldenberg (a. a. O. S. 425) an, dass das Abgeschnittene ursprünglich vielleicht ein Opfer für Götter oder Geister gewesen sei.

In Bulgarien klebt der Pate, wenn das Kind in das dritte Jahr tritt, diesem an fünf Stellen Wachs auf das Haupt, und zwar auf den Scheitel, ins Genick, an die Stirne, an die beiden Schläfen, und schneidet an diesen Stellen die Haare samt dem Wachse ab [2]). In Island schneidet die Mutter nach der Taufe dem Kinde eine Haarlocke ab. [3])

Bei den heidnischen Slaven wurde dem Kinde im siebenten Lebensjahre der eigentliche Name gegeben, es

---

[1]) Wachsmuth, Das alte Griechenland im neuen S. 77.

[2]) Strauss, Die Bulgaren S. 297. Die abgeschnittenen Haarbüschel wirft der Pate nebst einigen Silbermünzen dem Kinde in die Mütze, und dieses wird nun von allen Gästen mit Geld beschenkt.

[3]) Bartels, Isländ. Brauch und Volksglaube in Bezug auf die Nachkommenschaft, Zeitschrift für Ethnologie 1900, 79.

wurde den Göttern geweiht und als Opfer wurden die abgeschorenen Haare hingegeben[1]).

Die Abiponen, ein süd-amerikanisches Jägervolk, lassen wenige Stunden nach der Geburt einen Zauberer kommen, der dem Kinde am Vorderhaupt einige Haare abschneidet[2]). In Japan wird das Kind am 30. Tage nach der Geburt, nachdem der Kopf geschoren, gereinigt und festlich aufgeputzt von seiner Pflegemutter in den Tempel des Familiengottes Udsi kami gebracht, und eine Kamipriesterin bestimmt durch das Los seinen Namen, während eine Art Taufe mittels Besprengung mit Wasser stattfindet[3]). Bei den Mandingos (im westlichen Afrika) schnitt man dem Kinde ungefähr eine Woche nach der Geburt das Haar ab, und der Priester nahm es, um Segen für dasselbe betend, auf seine Arme, flüsterte ihm ins Ohr, spie ihm dreimal ins Gesicht[4]) und nannte vor der Versammlung seinen Namen[5]). In Arauco (Süd-Amerika) bekam das Kind seinen Namen erst, wenn es ein Jahr alt war; die Freunde versammelten sich dann

---

[1]) Hanusch, Wissenschaft des Slavischen Mythus S. 340. Vgl. die hier citierte Stelle aus Hanke, De Silesiorum rebus ab anno 550/1170 (Leipz. 1705), S. 103: „Caecus natus (Miesco) permanebat septennio caecus, dum ritu Polonorum ethnico sacris initiaretur, hoc est, dum ei coma detonderetur et nomen imponeretur. Solebant enim Pagani pueris ademptos capillos tanquam primitias consecrare suo Deo.“

[2]) Klemm, Allgemeine Kulturgeschichte II, 84.

[3]) Siebold, Nippon V, 22.

[4]) Vgl. Persius II, 33.

[5]) Tylor, Anfänge der Kultur II, 433.

und schnitten ihm eine Locke ab[1]). Ebenso wurde in
Peru dem Kinde im Alter von zwei Jahren bei der Taufe
und Namengebung in ceremoniöser Weise eine Locke ab-
geschnitten[2]). In Tibet erfolgt einige Jahre nach der
Geburt eine Einsegnung, bei welcher der Priester dem
Kinde etwas vom Kopfhaar abschneidet[3]).

Bei den Munda-Kolks in Chota Nagpore (südwestlich
von Kalkutta) wird am 8. Tage nach der Geburt die
Mutter durch eine Ceremonie gereinigt und das Kind in
den Stamm aufgenommen. Es wird ein weisses Huhn
geopfert und das Blut in dem vorher gereinigten Hause
umhergesprengt, dann wird dem Kinde etwas Haar von
der Mitte des Kopfes abgeschnitten, woran sich die
Namensgebung schliesst[4]). Bei den heidnischen Arabern
zur Zeit Mohammeds wurde bei der Geburt eines Kindes
ein Schaf geschlachtet, dann der Kopf des Kindes rasiert
und die Kopfhaut mit dem Blute des Opfers beschmiert[5]).

---

[1]) Klemm a. a. O. II, 86.
[2]) Tylor a. a. O. II, 437.
[3]) Bastian, Der Mensch in der Geschichte II, 505.
[4]) Jellinghaus, Zeitschrift für Ethnologie 1871, 366.
[5]) Robertson Smith, Religion der Semiten (deutsch von Stübe)
S. 252. „Dieser 'aḳika oder „das Abschneiden des Haares" genannte Brauch war dazu bestimmt, „das Böse vom Kinde abzu-
wenden" und war offenbar ein Akt der Weihe, durch den das Kind
dem Schutze des Gottes und der Gemeinschaft unterstellt wurde."
(Smith a. a. O.) Vgl. Wellhausen, Skizzen und Vorarbeiten III, 119.
Beim Eintritt in das Mannesalter wurde, wie vielfach, der Brauch
auch bei den Arabern wiederholt; Smiths Annahme indes, dass die
Verlegung des Brauches in das Kindesalter eine spätere Neuerung
war, scheint mir nicht begründet.

Die beiden letzten Riten, bei denen das Haarabschneiden sich mit dem Tieropfer verbindet, lassen seine
Bedeutung als Opfer besonders klar erkennen. Noch
deutlicher wird uns der Sinn des Haarabschneidens als
eines Substitutionsopfers, wenn wir beachten, dass bei
manchen Völkern statt des Haaropfers im Geburtsritus
eine Blutentziehung am Kinde oder auch an den Eltern
vorgenommen wurde.

In Tahiti verwunden sich die Eltern bei der Namensgebung unter Gebeten, fangen das Blut auf und legen es
als Opfer auf einen Altar[1]). In Mexico bestand bis in die
neuere Zeit die Sitte des „Nagualismo“, der Einweihung
der Kinder für ihren Schutzgott. Das Kind wurde gleich
nach der Geburt dem Nagual oder Schutzgott geweiht,
wobei ihm der Priester eine Ader hinter dem Ohre oder
unter der Zunge öffnete und mit Hülfe einer Lanzette
oder mit dem Daumennagel einige Tropfen Blut auszog
und diese dem Nagual opferte[2]).

Bei manchen der eben geschilderten Ceremonien,
die ich wegen der Gleichartigkeit des Ritus hier zusammen
aufgeführt habe, handelt es sich anscheinend nicht um
die Einweihung in die Kultgemeinschaft der Familie,
sondern um die Aufnahme in die grössere Gemeinschaft,
den Stamm[3]).

[1]) Ploss, Das Kind in Brauch und Sitte der Völker I, 165.

[2]) Andree, Ethnographische Parallelen. Neue Folge S. 202.
Vgl. auch Lippert, Geschichte des Priesterthums I, 319. Waitz,
Anthropologie der Naturvölker IV, 134.

[3]) Ausdrücklich ausgesprochen ist dies bei dem S. 68 geschilderten Brauche der Munda-Kolks.

Eine solche Aufnahme des Kindes in die grössere Gemeinschaft fand auch in Griechenland statt. Wie die Braut nach der Aufnahme in den häuslichen Kult, die am Herde stattfindet, in die Phratrie aufgenommen wird (s. oben S. 25), so wird auch das Kind nach der häuslichen Weihe der Amphidromien in die Phratrie eingeführt. Diese Einführung findet am Apaturienfeste statt, wahrscheinlich am dritten Tage[1]), gewöhnlich im Geburtsjahre[2]), bisweilen aber auch erst später[3]). Bei der Einführung des Kindes wird ein Opfer dargebracht, das μεῖον. Der Name bezeichnet vermutlich das kleine Opfer, im Gegensatz zu dem später dargebrachten κούρειον[4]).

---

[1]) Seinen Namen κουρεῶτις hat dieser Tag freilich von einer anderen Ceremonie erhalten.

[2]) Etym. magn. ἀπατούρια· — — ἐπειδὴ ἐν ταύτῃ τῇ ἑορτῇ τοὺς γεννωμένους ἐν τῷ ἐνιαυτῷ ἐκείνῳ παῖδας τότε ἐνέγραφον.

Auf eine Einführung bald nach der Geburt weisen auch die beiden folgenden Stellen. Isaeus 8, 19. ὅ τε πατὴρ ἡμῶν, ἐπειδὴ ἐγενόμεθα, εἰς τοὺς φράτορας ἡμᾶς εἰσήγαγεν. Demosth. 43, 11. ἐπειδὴ δ᾽οὑτοσὶ ὁ παῖς ἐγένετο καὶ ἐδόκει καιρὸς εἶναι, — — — εἰσήγαγον εἰς τοὺς φράτερας. Vgl. O. Müller, Untersuchungen zur Geschichte des attischen Bürger- und Eherechts, Jbb. f. klass. Philologie, 25. Suppl. S. 753 ff.

[3]) Prokl. ad Plat. Tim. 21 B. ἐν ταύτῃ (scil. τῇ κουρεώτιδι) γὰρ τοὺς κόρους ἐνέγραφον εἰς τοὺς φράτερας, τριετεῖς ἢ τετραετεῖς ὄντας. Andok. Myst. 127. τὸν παῖδα ἤδη μέγαν ὄντα εἰσάγει εἰς Κήρυκας.

[4]) Pantazides, Ἐφημ. ἀρχαιολογ. 1888, 12.

Suid. (ed. Bernhardy) II, 1, 820, 15. μεῖον. τὸ ὑπὲρ τῶν ἐγγραφομένων παίδων εἰς τοὺς φράτορας θυόμενον ἱερεῖον, οὐ μείζονος ἀποδεδειγμένου σταθμοῦ· ᾧ ἐπεφθέγγοντο οἱ φράτορες, εἰ καὶ μεῖζον εἴη, ὅτι μεῖον· καὶ μειαγωγὸς ὁ τοῦτο παρέχων. Harpokrat. μεῖον· θῦμά ἐστιν, ὃ τοῖς φράτορσι παρεῖχον οἱ τοὺς παῖδας εἰσάγοντες εἰς τούτους. Poll. VIII, 107.

Das μεῖον bestand aus einem Schafopfer[1]), ausser dem Tiere wurde ein bestimmtes Quantum Wein[2]) und Kuchen sowie eine Geldsumme von dem Einführenden geliefert[3]).

Wie eben dargelegt, wird das Kind bald nach der Geburt zum Angehörigen der Phratrie geweiht und damit unter den Schutz der Stammesgötter gestellt. Aber erst, wenn es herangewachsen ist, wird das Kind zum vollgültigen Mitglied der religiösen Gemeinschaft und tritt somit in ein neues Verhältnis zu den Göttern seines Geschlechtes. Darum wird an dem Jünglinge eine zweite Weiheceremonie vollzogen[4]).

Gleich der ersten Einführung findet auch diese zweite Ceremonie am dritten Tage der Apaturien, der κουρεῶτις, statt[5]); wie bei der ersten Aufnahme wird ein Opfer

---

[1]) Schol. Aristoph. Frösche 798. μεῖον λέγουσιν τοὺς ὑπὲρ τῶν υἱῶν εἰς τὰ Ἀπατούρια ὄις ὑπὸ τῶν πατέρων εἰσφερομένους, διὰ τὸ ἐπιφωνεῖν τοὺς φράτορας ἐπὶ τοῦ σταθμοῦ τοῦ ἱερείου, μεῖον, μεῖον. Suid. II, 1, 818, 11. ὁ τὸ πρόβατον εἰσάγων μειαγωγὸς ἐκαλεῖτο.

[2]) Poll. III, 52. ἡ δ' ὑπὲρ τῶν εἰς τοὺς φράτορας εἰσαγομένων παίδων οἴνου ἐπίδοσις οἰνιστήρια ἐκαλεῖτο, τὸ δ' ἱερὸν τὸ ὑπὲρ αὐτῶν μεῖον καὶ μειαγωγεῖν τὸ εἰσάγειν ἱερεῖον. Cf. VI, 22.

[3]) C. I. A. II, 841 b (= Dittenberger, Sylloge II, 439).

[4]) Gilbert (Griech. Staatsaltertümer I[2], S. 213 f., Anm. 3) und Thumser (bei Hermann, Griech. Staatsaltertümer I, 2, 330) leugnen mit Unrecht diese zweite Einführung, die sicher bezeugt ist. Poll. VIII, 107 (s. S. 73). Vgl. Müller a. a. O., Stengel, Griech. Kultaltert.[2] S. 204, 17. v. Wilamowitz, Aristoteles und Athen II, 271, 16.

[5]) Suid. I, 1, 532. τὴν δὲ τρίτην (Tag der Apaturien) κουρεῶτιν ἀπὸ τοῦ τοὺς κούρους καὶ τὰς κόρας ἐγγράφειν εἰς τὰς φρατρίας. Etym. magn. 533, 41. Poll. VIII, 107.

gebracht, das κούρειον '), ein Tieropfer, zu dem sich, wie
bei der ersten Ceremonie, eine Weinspende (οἰνιστήρια,
s. weiter unten) gesellt. Den Namen κούρειον (und
κουρεῶτις) haben die Alten von κοῦρος abgeleitet, es ist
aber wahrscheinlicher, dass er, wie Wilamowitz und
O. Müller a. a. O. annehmen, mit κείρειν zusammenhängt,
also „Haarschuropfer" bedeutet. Denn ein Haaropfer der
Epheben war mit dieser zweiten Aufnahme verbunden ²).
Nach Hesychius opferte man das Haar der Artemis ³), nach
andern Angaben war das Abschneiden desselben mit einem
Weinopfer an Herakles verbunden ⁴), das Haar wurde also

---

¹) Etym. magn. 533, 37. κούρειον — — οὕτω δὲ καλεῖται ἐν
Ἀττικῇ τὸ ἱερεῖον τὸ θυόμενον, ἡνίκα ἐγράφοντο οἱ κοῦροι εἰς τοὺς
φράτορας. τοῦτο δὲ καὶ μεῖον ἐλέγετο. Der letztere Zusatz muss (ebenso
wie die gleiche Angabe in den Aristophanesscholien a. a. O.) auf
einem Irrtum beruhen, da μεῖον und κούρειον sonst stets geschieden
werden. C. I. A. II, 841 b; IV, 2, p. 205 (vgl. zu dieser Inschrift
Pantazides, v. Wilamowitz, Dittenberger a. a. O.).

²) Vgl. über dieses Opfer die zutreffende Bemerkung von
Robertson Smith (Religion der Semiten S. 250). „Daher ist es (das
Haaropfer) an seinem rechten Platze bei Einweihungsgebräuchen,
durch die ein neues Mitglied in den Kreis einer bestimmten Religion aufgenommen wird. — — In der griechischen Religion begegnen
wir dem Haaropfer daher an dem Zeitpunkte, wo ein Jüngling in
das Mannesalter tritt und damit einen vollen Anteil an den religiösen wie politischen Verpflichtungen eines Bürgers auf sich
nimmt."

³) Hesych. κουρεῶτις· μηνὸς τοῦ Πυανεψιῶνος ἡμέρα, ἐν ᾗ τὰς
ἀπὸ τῆς κεφαλῆς τῶν παίδων ἀποκείροντες τρίχας Ἀρτέμιδι θύουσιν.

⁴) Hesych. οἰνιστήρια· Ἀθήνησιν οἱ μέλλοντες ἐφηβεύειν, πρὶν
ἀποκείρασθαι τὸν μαλλόν, εἰσέφερον Ἡρακλεῖ μέτρον οἴνου καὶ σπείσαντες τοῖς συνελθοῦσιν ἐπεδίδουν πίνειν. ἡ δὲ σπονδὴ ἐκαλεῖτο οἰνιστήρια.
Athen. XI, 88 (p. 494 f.). οἰνιστήρια. οἱ μέλλοντες ἀποκείρειν τὸν σκόλλυν
ἔφηβοι, φησὶ Πάμφιλος, εἰσφέρουσι τῷ Ἡρακλεῖ μέγα ποτήριον πληρώ-

wohl auch diesem Gotte geweiht: vermutlich war dies in den einzelnen Phratrien verschieden [1]).

Wir haben bisher nur von einem für die Jünglinge am Kureotistage dargebrachten Opfer gesprochen. Aber auch für die Mädchen ist ein Opfer am gleichen Tage bezeugt.

Poll. VIII, 107. φράτορες· εἰς τούτους τούς τε κόρους καὶ τὰς κόρας εἰσῆγον, καὶ εἰς ἡλικίαν προελθόντων ἐν τῇ καλουμένῃ κουρεώτιδι ἡμέρᾳ ὑπὲρ μὲν τῶν ἀρρένων τὸ κούρειον ἔθυον, ὑπὲρ δὲ τῶν θηλειῶν τὴν γαμηλίαν.

Als γαμηλία wird sonst das Opfer bezeichnet, das der Gatte bei der Einführung der jungen Frau in seine Phratrie darbringt (s. oben S. 25 [2.3]). Man hat daher allgemein angenommen, dass auch hier von letzterem die Rede ist[2]). Das aber ist, wie neuerdings O. Müller a. a. O. S. 773 richtig betont[3]), nicht zulässig. Pollux stellt das erste εἰσάγειν der Knaben und Mädchen dem Opfer für die Herangewachsenen gegenüber, was voraussetzt, dass beide Opfer, bei der ersten und zweiten Einführung, in der

---

σαντες οἴνου, ὃ καλοῦσιν οἰνιστηρίαν, καὶ σπείσαντες τοῖς συνελθοῦσι διδόασι πιεῖν. Eusthat. Ilias M, 311. Photios s. v. οἰνιστήρια.

[1]) Auch abgesehen von den Apaturien waren Haaropfer der Epheben in Griechenland üblich. Über die Sitte, den Sohn zur Haarschur nach Delphi zu führen, vgl. Theophr. Charakt. 21, über die Haaropfer an Flussgötter vgl. Eusthat. Il. Ψ, 141. Homer a. a. O. Paus. I, 37, 3. VIII, 20, 3; 41, 8.' Aeschyl. Choeph. 6. Bötticher, Baumkultus der Hellenen S. 92.

[2]) A. Mommsen, Feste der Stadt Athen S. 334 f. Sauppe, de phratriis Atticis II, 10. v. Wilamowitz, Aristoteles und Athen II, 271, Anm. 16.

[3]) Meine Darlegung war schon geschrieben, als ich Müllers Arbeit kennen lernte.

gleichen Phratrie gebracht werden. Er verlegt ferner
diese γαμηλία ausdrücklich gleich dem κούρειον auf den
Kureotistag, einen Termin, der für die Einführung der
jungen Frau in die Phratrie ihres Gatten nicht überliefert
ist (diese richtete sich doch wohl nach dem Termin der
Hochzeit), und endlich hat die Zusammenstellung mit
dem κούρειον nur dann einen rechten Sinn, wenn die hier
genannte γαμηλία, wie das κούρειον, von dem Vater geopfert wird, nicht aber als Subjekt zu ἔθυον einmal der
Vater, das andere Mal der Gatte zu verstehen ist.

Will man also nicht einen Irrtum des Pollux voraussetzen[1]), wozu wir nicht berechtigt sind, so muss man
annehmen, dass γαμηλία hier eine andere Bedeutung hat
als an den früher angeführten Stellen. Diese Annahme
hat kein Bedenken, denn γαμηλία bedeutet ja, wie O. Müller
a. a. O. richtig bemerkt, nichts als ein mit dem γάμος
zusammenhängendes Opfer, der Ausdruck kann daher
sehr wohl von einem Opfer gebraucht werden, das der
Vater darbringt, wenn die Tochter ins heiratsfähige Alter
tritt. Weshalb aber dann, d. h. vor dem Ausscheiden des
Mädchens aus der Phratrie des Vaters, eine solche Ceremonie
stattfindet, wird sich im weiteren Verlauf unserer Untersuchungen ergeben[2]).

Bei den Römern finden wir kein Gegenstück zu der
ersten Einführung in die Phratrie. Dem *dies lustricus*

---

[1]) Wie Meier, de gentilitate Attica (Hal. 1835) p. 17 dies thut.
[2]) O. Müller hat, da er die religiöse Bedeutung des Brauches
nicht genügend berücksichtigt, keine Begründung dafür beigebracht.

folgt keine besondere Aufnahme in die gens [1]). Dagegen finden die bei dem Eintritt in das mannbare Alter von den Griechen vollzogenen Ceremonien eine gewisse, wenn auch nicht genau entsprechende, Analogie in den Bräuchen bei der Anlegung der *toga virilis*. Während aber bei den Griechen die ganze Feierlichkeit sich in der Phratrie, also vor den Göttern des Geschlechts, vollzieht, steht sie in Rom zunächst in Zusammenhang mit dem Dienste der Schutzgötter des Hauses. Vor ihnen, d. h. vor den Laren, wird die *toga* angelegt, ihnen wird die bulla, die der Knabe bis dahin getragen, geweiht [2]). Dass dabei ein Opfer im Hause dargebracht wurde, ergiebt sich aus Tertullians Bemerkung über die häuslichen Feste [3]). Nach der im Hause vollzogenen Ceremonie wurde der tiro auf das Forum und Capitol geführt, um in die Bürgerlisten eingetragen zu werden [4]), worauf dann ein zweites Opfer folgte [5]).

---

[1]) Als einzige sonstige Geburtsceremonie ist noch das Opfer eines Geldstückes im Tempel der Juno Lucina zu erwähnen (Dionys. IV, 15). S. oben S. 24, 4.

[2]) Propert. 5, 1, 131. *Mox ubi bulla rudi dimissa est aurea collo, Matris et ante deos libera sumpta toga.*

Porphyr. Hor. sat. 1, 5, 65.

Pers. V, 30. *Cum primum pavido custos mihi purpura cessit Bullaque succinctis Laribus donata pependit.*

Schol. Pers. V, 31.

[3]) Tertull. de idol. 16. *circa officia vero privatarum et communium sollemnitatum, ut togae purae, ut sponsalium, ut nuptialium, ut nominalium, nullum putem periculum observari de flatu idololatriae que intervenit. — — — sed his accomodantur sacrificia.*

[4]) Vgl. Marquardt, Privatleben der Römer S. 125 f.

[5]) Appian. b. civ. IV, 30. Ἀτίλιος δὲ ἄρτι τὴν τῶν τελείων περιθέμενος στολὴν ᾔει μὲν, ὡς ἔθος ἐστί, σὺν πομπῇ φίλων ἐπὶ θυσίας ἐς τὰ ἱερά.

Dargebracht wurde letzteres vermutlich der Juventas[1]) und dem Liber, an dessen Fest in der Regel, wenn auch nicht immer[2]), die Ceremonie stattfand[3]).

In welchem Zusammenhange die Jugendweihe mit dem Dienste des Liber stand, ist nicht mehr sicher festzustellen. Die Erklärung, die *toga virilis* werde an diesem Tage angelegt, weil Liber der Gott der Freiheit sei[4]), ist schwerlich mehr als ein späterer Deutungsversuch, denn sie passt nicht zu dem ursprünglichen Wesen des altitalischen Liber. Rossbach[5]) weist darauf hin, dass Liber der Gott der Zeugungskraft in der Natur wie im menschlichen Leben sei (vgl. Aug. de civ. Dei 7, 21), und meint, wenn an den Liberalien die Jünglinge nach vorhergegangener Prüfung der Geschlechtsreife[6]) für *puberes,* für zeugungs- und heiratsfähig erklärt wurden, so heisse dies nichts anderes, als dass sie unter den Schutz des Gottes der Zeugung gestellt wurden. Es ist möglich, dass diese

---

[1]) Ihr wurde, wie der Juno Lucina bei der Geburt, von den Jünglingen eine Münze geweiht (Dionys. IV, 15).

[2]) Marquardt a. a. O. 124, Anm. 2.

[3]) Kal. Farnes. 17. März. *Libero in Ca[pitolio].* Über ein Bild des Liber auf dem Capitol vgl. C. I. L. III, p. 849. Ein Opfer an Juppiter (vgl. de Marchi, Il culto privato p. 176) ist aus Serv. Interp. ad Verg. eclog. IV, 49, wie mir scheint, nicht mit Sicherheit zu entnehmen, denn vielleicht fand der Scholiast in seiner Quelle nur die Angabe, dass die Knaben nach Anlegung der *toga* aufs Capitol steigen, und fügte die Erwähnung des Juppiter auf eigene Faust hinzu, weil er beim Capitol nur an diesen dachte.

[4]) Ovid. fast. III, 777. Auch Preller (Röm. Mythologie II, 53) folgt dieser Erklärung.

[5]) Untersuchungen über die römische Ehe S. 409.

[6]) Vgl. hierüber Rossbach a. a. O. S. 405 f.

Erklärung das Richtige trifft, vielleicht — ich betone
selber die Unsicherheit dieser Vermutung — darf man
aber auch daran erinnern, dass bei den Aufnahmebräuchen
überhaupt öfters Sühnopfer an die unterirdischen Gottheiten vorkommen (s. oben S. 11 ff.), in ihren Kreis aber
gehört doch wohl auch der segenspendende Liber[1]).

Während die Ceremonien der römischen Jugendweihe,
d. h. der Aufnahme in den Kreis der Erwachsenen, nicht
genau den griechischen Bräuchen entsprechen, finden wir
bei andern Völkern genauer übereinstimmende Analogien
zu dem griechischen Mannbarkeitsritus.

Bei den alten Indern ist, wie Oldenberg (Religion
des Veda S. 339 und 466 ff.) näher dargelegt hat, der
Akt der Jugendweihe umgeformt worden zu einem Ritus
der Schüleraufnahme, der Einführung beim Lehrer: auch
bei diesem Ritus wird dem Knaben das Haar geschoren.
Dass auch bei den Arabern der Knabe, wenn er unter
die Erwachsenen aufgenommen wird, sein Haar als Opfer
abschneidet, war schon vorher (S. 68, Anm. 3) erwähnt.
Bei den Siamesen findet ebenfalls ein Haaropfer bei der
Jugendweihe statt: zwischen dem 11. und 15. Jahre wird
dem Kinde die Haarlocke am Vorderkopfe, die man bis
dahin wachsen liess, unter grosser Feierlichkeit abgeschnitten. In Bangkok unterhielt der König eigens für

---

[1]) Wissowa in Roschers Lex. II, 2023. — Wäre die oben
gegebene Erklärung richtig, so würde man auch verstehen, wie die
Freilassungsceremonie in den Tempel der Erntesegen spendenden
Göttin Feronia verlegt werden konnte. Vgl. über diese Göttin
Steuding in Roschers Lex. I, 1480, wo ihre Beziehung zur Frei-
lassung freilich anders erklärt wird.

diesen Zweck ein paar Brahmanen, welche die Ceremonie unter Wasserbesprengung vornahmen.[1]) Ebenso erhält bei den Bakaïri in Centralbrasilien jeder Knabe um die Zeit der Mannbarkeit die Tonsur.[2])

Wie wir bei den Geburtsriten neben dem Haaropfer das rohere Blutopfer kennen lernten (S. 68f.), so treffen wir auch hier daneben eine rohere Form des stellvertretenden Opfers. Bei verschiedenen wilden Völkern müssen sich die Knaben, die als Erwachsene in den Stamm aufgenommen werden sollen, allerlei Proben der Standhaftigkeit unterziehen, um ihre Wehrhaftigkeit zu erweisen; zu diesen Proben des Muts aber gesellen sich Bräuche, deren Opfercharakter deutlich hervortritt.[3])

„Wenn bei den Mannbarkeitsceremonien der Mandanen der Jüngling endlich bewusstlos an den Stricken hing, an die er mit Hülfe von Holzstäben, die man ihm durch das Fleisch gezogen hatte, befestigt war, so wurde er herabgelassen, und nachdem er wieder zu sich gekommen, kroch er auf Händen und Füssen um die Medicinwohnung herum bis zu dem Orte, wo ein alter Indianer mit einem Beile in der Hand und einen Büffelschädel

---

[1]) Lippert, Culturgeschichte II, 350 (nach Finlayson, Gesandtschaftsreise nach Siam (Weimar 1827), S. 152, 157).

[2]) von den Steinen, Unter den Naturvölkern Zentral-Brasiliens² S. 180.

[3]) Vgl. Lippert a. a. O. II, 342 f., der aber, abweichend von der oben (S. 71) gegebenen Erklärung, die doppelte Ceremonie bei der Geburt und der Wehrbarmachung mit einem Gegensatze von Vater- und Mutterrecht in Zusammenhang bringt. Vgl. auch Robertson Smith, Religion der Semiten S. 251.

vor sich sass; dann hielt er den kleinen Finger der linken
Hand zum grossen Geist empor und liess ihn auf dem
Büffelschädel abhauen. Zuweilen wurde darauf mit dem
Zeigefinger in derselben Weise verfahren." (Tylor, An-
fänge der Cultur II, 402.) In Virginien wurden die
Knaben bei der Wehrhaftmachung für den grossen Geist
Okée geweiht, indem man ihnen Blut aus einer Wunde
der linken Brust liess, und man sagte, diese Blut geniesse
der grosse Geist und er sauge oft so lange an der Wunde,
bis der Knabe stirbt.[1]) Die Azteken machten bei Knaben
und Mädchen Einschnitte auf die Brust oder an anderen
Stellen und sagten, sie hätten sie dadurch ihrem höchsten
Gotte geweiht.[2]) Im Inkahause fasteten die zu weihenden
Jünglinge und wurden darauf einer Prüfung der Wehrhaftigkeit unterzogen; dann durchbohrte der König den
würdig Befundenen die Ohren, wodurch sie in den Adel-
stand erhoben wurden.[3]) Nach der Analogie der vorher
angeführten Beispiele ist es, wenn auch nicht sicher, so
doch ziemlich wahrscheinlich, dass auch dieses Ohren-
durchbohren, wie Lippert annimmt, eine Form der bei
der Jugendweihe üblichen Blutentziehung, also auch ein
Einweihungsritus ist. Zu vergleichen sind die Mitteilungen,
die v. den Steinen über das Durchbohren des Ohrs bei
brasilianischen Völkern macht. von den Steinen erzählt
von den Stämmen des Kulisehuflusses, dass nur den Knaben

---

[1]) Lippert a. a. O. II, 343. J. G. Müller, Geschichte der ameri-
kan. Urreligionen S. 143.

[2]) Lippert a. a. O. Müller a. a. O. S. 479.

[3]) Lippert a. a. O. Waitz, Anthropologie der Naturvölker IV, 418.

das Ohrläppchen durchbohrt wird und nur zum Zwecke der Aufnahme von Federschmuck, so dass hier keine religiöse Bedeutung mehr zu erkennen wäre.[1] Von den Bororós aber berichtet er, dass den Knaben und Mädchen das Ohrläppchen durchstochen wird, den Knaben, wie bei den Kulisehustämmen, wenn sie anfangen, sich ernstlich in der Jägergeschicklichkeit zu üben (d. h. doch wohl, wenn sie anfangen, als Mitglied des Stammes zu gelten), den Mädchen aber von dem künftigen Gatten.[2] Wir finden also auch hier wieder den Parallelismus der Ceremonien bei der Eheschliessung und Jugendweihe, einen Parallelismus, der doch wohl daraus zu erklären ist, dass der Knabe dabei in den Stamm oder die Familie des Vaters, das Mädchen in die des Gatten aufgenommen wird.

VI.

Wenn die römische Braut an dem Hause des Gatten angelangt war, hängte sie an den Thürpfosten Wollbinden auf und bestrich die Pfosten mit Fett oder Oel.[3] Die

---

[1] a. a. O. S. 182.

[2] a. a. O. S. 361, 388.

[3] Donat. ad Hecyr. 1, 2, 60. *uxor dicitur vel ab unguendis postibus et figenda lana, id est, quod cum puellae nuberent, maritorum postes ungebant ibique lanam figebant.* Isidor. orig. 9, 8. *uxores vocatae quasi unxores. Moris enim erat antiquitus, ut nubentes puellae simul venirent ad limen mariti et postes, antequam ingrederentur, coronarentur laneis vittis et oleo unguerentur.* Plin. 28, 135. *proxima in communibus adipi laus est, sed maxime suillo, apud antiquos etiam religiosius. Certe novae nuptae intrantes etiam nunc solemne habent postes eo attingere.* 149. *Masurius palmam lupino adipi dedisse antiquos tradit. Ideo novas nuptas illo perungere postes solitas, ne quod mali medicamenti inferretur.*

gleiche oder doch eine eng verwandte Sitte findet sich
auch sonst mehrfach, zum Teil mit der Abweichung, dass
die Thüren statt mit Fett oder Oel mit Honig bestrichen
werden.

In der französischen Schweiz wurde früher die
Schwelle des Hauses des Bräutigams ganz mit Oel abge-
rieben.[1]) Die akarnanischen Wlachinnen beschmieren
bei der Hochzeit die Thüre mit Butter.[2]) In Kreta
macht die Braut bei der Ankunft am Hause des Gatten
mit Honig vier Kreuze an die Thüre.[3]) In Bulgarien
überreicht man der Braut an der Thürschwelle ein Ge-
fäss mit Honig und ein Blumensträusschen. Letzteres benutzt sie als Wedel, um alle Hausschwellen, die sie über-
schreitet, mit Honig zu bestreichen[4]), ebenso streicht in
Rumänien die Braut etwas Butter und Honig auf die
Schwelle oder auch auf die Wände.[5]) In der Herzegowina bringt man der Braut auf einem Tellerchen Honig.

Interpol. Serv. Aen. IV, 458. *Ii tamen, qui de nuptiis scripsisse di-*
cuntur, tradunt, cum nova nupta in domum mariti ducitur, solere postes
unguine lupino oblini. Plutarch. quaest. Rom. 31. Arnob. 3, 25.
Mart. Cap. 2, 149.

[1]) Mannhardt, Myth. Forschungen S. 363. Reinsberg-Düringsfeld a. a. O. S. 106.

[2]) Wachsmuth, Das alte Griechenland im neuen S. 97, 61.

[3]) Wachsmuth a. a. O. S. 96.

[4]) Dies geschieht, wie das Volk sagt, damit die Braut den
neuen Hausgenossen ebenso liebevoll, wie sie ihnen entgegenkommt,
in Zukunft entgegenkommen möge, — eine Erklärung, die natürlich eine nachträgliche Umdeutung des Brauches ist. Krauss, Sitte
und Brauch der Südslaven S. 448.

[5]) Flachs, Rumän. Hochzeits- und Totengebräuche S. 37.

— 82 —

Sie befeuchtet damit ihren Finger, bestreicht die Haus-
thüre und fährt sich und dem Bräutigam mit Honig über
die Stirne.[1])

Dass die römische Ceremonie und die ihr verwandten
Bräuche religiöse Ceremonien sind, ist unbestritten[2]), und
ihre Bedeutung kann keinem Zweifel unterliegen. Auf
die kathartische Bedeutung der Wollbinde ist schon in
einem früheren Abschnitte[3]) hingewiesen. Diels, dessen
Darlegungen dort angeführt wurden, hebt a. a. O. S. 121
unter Anführung verschiedener Beispiele treffend hervor, dass
die Bekränzung mit Tänien dieselbe Urbedeutung habe,
wie die Olive und dieser daher fast stets schwesterlich
gesellt sei.[4]) Nur eine besondere Form der Verwendung
der Olive ist es, wenn bei dem hier besprochenen Brauche
die Thür nicht mit Olivenzweigen umwunden, sondern
mit Oel bestrichen wird.[5]) Statt des Oels wurde, wie
erwähnt[6]), auch Fett vom Wolf oder Schweine zum Bestreichen der Thürpfosten verwendet: das Fett dieser
Tiere symbolisiert in ähnlicher Weise wie das Blut die
Darbringung des Opfertiers.[7]) Eine solche Verwendung

---

[1]) Krauss a. a. O. 430.
[2]) Rossbach a. a. O. S. 356. Aust, Religion der Römer S. 221.
[3]) S. 37.
[4]) Auch beim *pileus* begegnete uns die Verbindung von Wolle
und Oelzweig. Vgl. oben S. 34 f. und 38 f.
[5]) Wegen der häufigen Verbindung von Wollbinde und Olive
trage ich Bedenken, Rossbachs Annahme zuzustimmen, nach der
das Oel erst ein späterer Ersatz des Tierfettes ist.
[6]) S. 80, Anm. 3.
[7]) Über Schweinsopfer bei der Hochzeit vgl. Varro de re rust.
2, 4, 9. *nuptiarum initio antiqui reges ac sublimes viri in Etruria in*

des Oels oder Fettes ist nichts Singuläres, sondern kommt
auch sonst im Sühnritus vor.[1]) Ungereinigte Wolle wurde
in Phigalia als Opfer für Demeter mit Oel begossen.[2])
Der Stein in Delphi, der als von Kronos verschluckt galt,
wurde an Festtagen mit Oel bestrichen und mit Wolle
umhüllt.[3]) Der Archon von Plataeae[4]) salbte alljährlich
die Grabstele der in der Schlacht Gefallenen.[5]) Abergläubische übergossen die Salbsteine an den Kreuzwegen beim
Vorbeigehen mit Oel.[6]) Jakob schüttet Oel über den Stein,
den er an der Stelle, wo Gott ihm erschienen, errichtet.[7]) In
einigen Gebirgsgegenden Norwegens wuschen die Bauern
noch am Ende des 18. Jahrhunderts die runden Steine,
die sie in gleicher Weise, wie ihre heidnischen Vorfahren
ihre Götzenbilder, verehrten, an jedem Donnerstag Abend

---

coniunctione nuptiali nova nupta et novus maritus primum porcum immo-
lant. prisci quoque Latini, etiam Graeci in Italia idem factitasse vi-
dentur.

[1]) Frazer, Pausanias's description of Greece. Vol. V, p. 354.

[2]) Paus. VIII, 42, 11.

[3]) Paus. X, 24, 6.

[4]) Vgl. oben S. 56.

[5]) Plut. Aristid. 21. λαβὼν ὕδωρ ἀπὸ τῆς κρήνης αὐτὸς ἀπολούει
τὰς στήλας καὶ μύρῳ χρίει.

[6]) Theophrast Charakt. 16, 5. καὶ τῶν λιπαρῶν λίθων τῶν ἐν ταῖς
τριόδοις παριὼν ἐκ τῆς ληκύθου ἔλαιον καταχεῖν καὶ ἐπὶ γόνατα πεσὼν
καὶ προσκυνήσας ἀπαλλάττεσθαι. Cf. Arnob. I, 39. Si quando con-
spexeram lubricatum lapidem et olivi sanguine sordidatum, tanquam
inesset vis praesens, adulabar. Lucian Char. 22. τί οὖν ἐκεῖνοι στεφανοῦσι
τοὺς λίθους καὶ χρίουσι μύρῳ. Lucian Alex. 30. Apul. Flor. I, 1.
Clem. Alex. strom. VII, 4, 26. Babick, de deisidaemonia veterum
quaest. Lips. 1891, p. 8 f.

[7]) Genes. 35, 14.

und beschmierten sie am Feuer mit Butter oder anderem Fett[1]); bei verschiedenen asiatischen und afrikanischen Völkern werden die Fetische häufig, wie mit roter Farbe[2]), so auch mit Oel bestrichen.[3])

Dass bei einigen der besprochenen Riten auch der Honig an die Stelle des Fetts oder Oels tritt, ist nicht auffallend. Der Honig wird im griechischen Sühnbrauche sehr häufig bei der Verehrung chthonischer Mächte verwendet. Den Toten wird ein Honigkuchen mitgegeben, angeblich[4]) als Gabe für den Kerberos[5]); Honig besänftigt auch die Toten selbst[6]), daher ist er, mit Milch vermischt, eine gewöhnliche Spende für diese.[7]) Auch den Eumeniden opfert man Honig[8]), ebenso der Hekate.[9]) Beim Ausgraben von Heilpflanzen wird eine μελιττοῦτα

---

[1]) Lubbock, Entstehung der Civilisation S. 259.

[2]) Vgl. oben S. 53, Anm. 2.

[3]) A. Lang, Custom and myth. S. 52. Frazer a. a. O.

[4]) Vgl. Rhode, Psyche I, 305.

[5]) Schol. Aristoph. Lysistr. 601. Suid. s. v. μελιττοῦτα. Verg. Aen. VI, 419.

[6]) Eurip. Iphig. Taur. 159. (χασιγνήτῳ) τάσδε χοὰς
μέλλω κρατῆρά τε τὸν φθιμένων
ὑδραίνειν γαίας ἐν νώτοις
πηγάς τ᾽ οὐρείων ἐκ μόσχων
Βάχχου τ᾽ οἰνηρὰς λοιβὰς
ξουθᾶν τε πόνημα μελισσᾶν,
ἃ νεκροῖς θελκτήρια κεῖται.

[7]) Vgl. Stengel im Philologus 1880, 378 f. und in den Jahrbüchern für Philologie und Pädagogik 1887, 653. — Die Landleute in Russland brachten an bestimmten Seelengedenktagen Speisen auf die Gräber ihrer Toten und begossen dieselben mit Wein und Honig (Lippert, Die Religionen der europ. Kulturvölker S. 84).

[8]) Soph. Oed. Kol. 481. Schol. Oed. Kol. 159.

[9]) Apoll. Rhod. III, 1035.

dargebracht.[1]) Wer in die Höhle des Trophonios hinab-
stieg, warf einen Honigkuchen als Opfergabe für die darin
hausenden Schlangen hinab[2]), und auch die Schlange auf
der Burg[3]) und die Asklepiosschlange in Kos erhielt das
gleiche Opfer.[4]) Herzogs[5]) Annahme, dass man den
Schlangen Honig ursprünglich deshalb vorsetzte, weil er
einschläfere und ein Brei von Honig und Mohn als ein
in kleinen Rationen hungerstillendes Mittel gebraucht
wurde (Thukyd. IV, 26), kann nicht zutreffen, denn sie
erklärt nicht die sonstige Verwendung im Toten- und
andern chthonischen Kulte.[6]) Man muss vielmehr annehmen, dass, wie übrigens auch Herzog selbst hinzufügt,
wegen der chthonischen Natur der Schlange ihr, wie
andern Unterirdischen, Honig geopfert wird. Ebenfalls
irrig ist es, wenn Stengel meint, das Gemisch von Honig
und Milch (μελίκρατον) sei den Toten dargebracht worden,
weil es ohne Zweifel im Leben häufig genossen worden,
vielleicht besonders von Kindern und Schwachen, denen
ähnlich man sich ja wohl die ἀμενηνὰ κάρηνα auch ge-

---

[1]) Theophr. hist. plant. 9, 8, 7.

[2]) Paus. IX, 39, 5. Aristoph. Wolken 507. Poll. VI, 76.
Philostr. Vita Apoll. VIII, 19.

[3]) Herod. VIII, 41. Hesych. s. o. οἰκουρὸν ὄφιν.

[4]) Herondas IV, 90. — Vgl. auch Vergil, Aen. IV, 484 ff. und
Herzog (Hermes 1894, 625) zu dieser Stelle.

[5]) a. a. O.

[6]) Wenn Rohde (Psyche I, 305) meint, die μελιττοῦτα sei ein
Opfer für unterirdische Schlangen und als solche erscheinende
Geister und werde deshalb als Totenopfer gebraucht, so ist dem
entgegenzustellen, dass Honigspenden auch in Fällen dargebracht
werden, in denen an eine Schlangengestalt offenbar nicht gedacht wird.

dacht habe.[1]) Auch diese Auffassung trifft nur einen
Teil der Fälle, in denen uns der Honig im chthonischen
Kulte begegnet. Man wird sich mit der Erklärung be-
gnügen müssen, dass der Honig gleich dem Oele — vermutlich seines Geschmackes wegen — als ein Besänf-
tigungsmittel für die zürnenden Gottheiten gilt und deshalb chthonischen Mächten mannigfacher Art gespendet
wird. Ebenso aber wie in allen diesen Fällen bei den
Griechen, wird er auch in den vorher angeführten Hochzeitsriten statt des Oels oder Tierfetts gebraucht, um
die Mächte zu versöhnen, an die sich die Ceremonien der
Hochzeit richten.

Wie bei der Hochzeit die Thürpfosten mit Oel bestrichen und mit Wollbinden umwunden werden, so wird
in Attika bei der Geburt eines Kindes ein Oelkranz oder
eine Wollbinde an der Thür aufgehängt.[2]) Man differen-
zierte diesen Gebrauch so, dass man bei Knaben den
Oelkranz, bei Mädchen die Wolle verwendete, in letzterem
Falle angeblich im Hinblick auf die künftige Thätigkeit
des Kindes. Dass dies nur ein späterer Erklärungsver-
such, darauf weist schon der Umstand, dass eine entsprechende Deutung für die Verwendung des Oelkranzes
beim Knaben gar nicht versucht wird. Nach den vorangegangenen Erörterungen über die gleichartige Be-

---

[1]) Stengel, Griech. Kultusaltertümer S. 132. Ähnlich Roscher,
Nektar und Ambrosia S. 62 ff.

[2]) Hesych. στέφανον ἐκφέρειν. ἔθος ἦν, ὁπότε παιδίον ἄρρεν γένοιτο
παρὰ ᾽Αττικοῖς, στέφανον ἐλαίας τιθέναι πρὸ τῶν θυρῶν· ἐπὶ δὲ τῶν
θηλειῶν ἔρια διὰ τὴν ταλασίαν.

deutung der Wolle und der Olive und über die sonstigen
bei der Geburt üblichen Sühnriten wird es klar sein, dass
hier nur eine spätere Differenzierung, eine rationalistische
Umdeutung eines nicht mehr verstandenen Brauches vorliegt, dass aber in Wirklichkeit Oelzweig und Wolle auch
hier dieselbe Bedeutung haben wie sonst, dass also auch
in dieser Geburtsceremonie ein Lustrationsritus zu erkennen ist.

Von der Olive wird der Lorbeer bei strenger Son-
derung gelegentlich zwar seiner Bedeutung nach unter-
schieden[1]), im allgemeinen aber schreiben Griechen und
Römer ihm eine ähnliche lustrale Kraft zu wie der
Olive.[2]) Er gilt als geeignet zu Reinigungen, Sühnungen[3]),
er verscheucht die Geister.[4]) Der Abergläubische bei
Theophrast nimmt zur Sühnung Lorbeerblätter in den

---

[1]) Artemidor. Oneirokrit. IV, 57. ἐπὶ τῶν νοσούντων ἡ μὲν ἐλαία
θανατηφόρος οὖσα τετήρηται αὐτή τε καὶ ὁ καρπὸς αὐτῆς καὶ τὰ φύλλα,
δάφνη δὲ σωτήριος. καὶ γὰρ εἰκός· τοῖς γὰρ ἀποθανοῦσιν ἐλαίας μὲν
συνεκφέρουσιν, δάφνας δὲ οὐδαμῶς. Vgl. Isyllos v. Epidauros B 10
(v. Wilamowitz, Isyllos S. 9). Diels, Sibyll. Blätter S. 120.

[2]) Diels a. a. O. — Ich führe nur einige besonders deutliche
Fälle an; mehr bei Bötticher, Baumkultus der Hellenen S. 338 ff.

[3]) Cornut. 32. τυγχάνει (ἡ δάφνη) καὶ εὐέκκαυστος οὖσα καὶ πρὸς
τὰς καθάρσεις οἰκεῖόν τι ἔχουσα. Clem. Alex. Protr. I, 10. εἰ ποθεῖς
ἰδεῖν ὡς ἀληθῶς τὸν θεόν, καθαρσίων μεταλάμβανε θεοπρεπῶν, οὐ
δάφνης πετάλων καὶ ταινιῶν τινων ἐρίῳ καὶ πορφύρᾳ πεποικιλμένων.
Interp. Serv. Verg. Aen. I, 329. cui (Apollini) laurum ideo sacratum,
quia haec arbor suffimentis purgationibusque adhibeatur.

[4]) Geopon. XI, 2, 5. ἔνθεν ἂν ᾖ δάφνη, ἐππόδων δαίμονες. — —
7. οὐδὲ γὰρ ἡ ἱερὰ νόσος ἢ δαίμων παρενοχλεῖ τῷ τόπῳ, ἐν ᾧ δάφνη
ἐστίν. Vgl. Lyd. de mens. IV, 4 (p. 68, 5 ff. Wünsch).

Mund.[1]) An den römischen Palilien besprengt man sich mittels eines Lorbeerzweiges[2]); am 15. Mai taucht der römische Kaufmann einen Lorbeerzweig in das Wasser der Mercurquelle und besprengt sein Haupt und seine Waren.[3]) Auch bei den Griechen waren Lorbeerzweige als Sprengwedel üblich.[4]) Lorbeerbekränzt folgten die römischen Soldaten dem Wagen des Triumphators, damit sie entsühnt von dem vergossenen Blute die Stadt betreten.[5]) Lorbeerzweige trägt man bei den Sühnfesten, die auf Grund der sibyllinischen Bücher verordnet werden.[6]) Auch bei den *strenae* am Neujahrstage hat der Lorbeer sicher lustrale Bedeutung.[7])

Der Lorbeer wird also, wie diese Beispiele zeigen, gleich der Olive vielfach in Lustrationsbräuchen verwendet. Wenn daher bei der Ephebie der attischen Knaben ein Lorbeerzweig an den Häusern aufgehängt

---

[1]) Theophr. Char. 16, 2. ὁ δὲ δεισιδαίμων τοιοῦτός τις, οἷος † ἐπιχρωνῆν ἀπονιψάμενος τὰς χεῖρας καὶ περιρρανάμενος ἀπὸ ἱεροῦ δάφνην εἰς τὸ στόμα λαβὼν οὕτω τὴν ἡμέραν περιπατεῖ.

[2]) Ovid. fast. IV, 728. Vgl. Verg. Aen. VI, 229:

Idem ter socios pura circumtulit unda

Spargens rore levi et ramo felicis olivae. Dazu Servius: *sed moris fuerat, ut de lauro fieret.* Juvenal II, 158.

[3]) Ovid. fast. V, 677 ff.

[4]) Bötticher, Baumkultus S. 369 ff.

[5]) Fest. ep. 117, 13. *laureati milites sequebantur currum triumphantis, ut quasi purgati caede humana intrarent urbem. Itaque eandem laurum omnibus suffitionibus adhiberi solitum erat.* Vgl. Plin. 15, 135. *quia suffimenta sit caedis hostium et purgatio, ut tradit Masurius.* Vgl. 138. *eadem purificationibus adhibetur.*

[6]) Liv. 40, 37, 3.

[7]) Marquardt, Privatleben S. 252.

oder vor den Thüren aufgestellt wurde[1]), so ist dieser
Brauch ein genau entsprechendes Gegenstück zu dem im
Vorhergehenden (S. 86) behandelten Geburtsritus, nach
dem bei der Geburt eines Knaben ein Ölkranz an der
Thür befestigt wurde, und auch zu dem gleichbedeutenden
römischen Hochzeitsritus, von dem im Anfange dieses
Kapitels die Rede war[2]).

Derselbe Brauch, einen Lorberzweig vor der Thür
aufzuhängen oder aufzustellen, wird von den Eltern
ausser für die ins Ephebenalter tretenden Söhne auch für
die Töchter vollzogen — am Hochzeitstage. Wir hatten
früher[3]) gesehen, dass die Eltern, wenn ihre Kinder herangewachsen sind, im Heiligtum der Phratrie für sie opfern,
für die Söhne, wenn sie Epheben werden, für die Töchter,
wenn sie im Begriffe sind zu heiraten. Hier bei der

---

[1]) Etym. magn. 531, 54. κορυθάλη· ἡ πρὸ τῶν θυρῶν δάφνη τι-
θεμένη· ὅτι οἱ κλάδοι (οὓς κόρους καλοῦσι) θάλλουσιν, ὡς καὶ Χρύσιππος·
„ἀλλὰ δᾷδας ἡμμένας μοι ταχὺ δότω τις ἔνδοθεν,
καὶ χοροὺς πλεκτοὺς ἀκραπνεῖς μυρρίνης." — — Τινὲς δὲ, ὅτι
ἡβησάντων τῶν νέων καὶ θυγατέρων δάφνας προετίθουν ἐφηβίοις (cod.
ἐφηρίοις) καὶ γάμοις. — Bötticher (Baumkultus der Hellenen S. 373)
meint, vor den Häusern der Eupatriden sei die κορυθάλη an
den Hochzeiten wie an den Ephebien der Söhne und Töchter als
Zeichen der Machtvollkommenheit ihrer Bewohner, apollinische Sacra
auszuüben, aufgestellt worden, — eine gänzlich unbegründete Erklärung, gegen die sich Stark in Hermanns Religionsaltertümern
§ 48, 7 mit Recht wendet.

[2]) In Rom wurde übrigens die Thür des Hochzeitshauses
ausser mit Binden auch mit Lorbeerzweigen geschmückt. Juvenal
VI, 79. *ornentur postes et grandi ianua lauro.* Schol. *ad honorem nuptiarum. sic enim solent in nuptiis praeparare.*

[3]) Vgl. oben S. 71 ff.

κορυθάλη machen wir zum zweiten Male die Beobachtung, dass dieselbe Ceremonie von den Eltern bei der Ephebie der Söhne und bei der Hochzeit der Töchter geübt wird. Die Erklärung für diese auffallende Thatsache soll der der nächste Abschnitt liefern.

VII.

Ausser durch Geburt und Ehe tritt auch durch die Adoption oder die römische Arrogation[1]) ein neues Mitglied in den religiösen Verband des Hauses und des Geschlechtes ein. Wer auf diesem Wege in eine römische gens aufgenommen werden wollte, musste zuvor in feierlicher Form aus dem Kulte der Gemeinschaft, der er bis dahin angehörte, entlassen werde[2]). Dass auf diese Entlassung aus den alten Sacra eine Aufnahme in die Sacra der neuen gens folgte, ist selbstverständlich, wenn auch über die dabei üblichen Ceremonien nichts überliefert wird[3]).

Ganz der gleiche Fall wie bei der Adoption liegt bei der Ehe vor. Auch hier scheidet ein Mitglied einer

---

[1]) Marquardt, Röm. Staatsverwaltung III, 305. Mommsen, Röm. Staatsrecht III, 38.

[2]) Interpol. Serv. Aen. II, 156. *Consuetudo apud antiquos fuit, ut qui in familiam vel gentem transiret, prius se abdicaret ab ea, in qua fuerat, et sic ab alia reciperetur.* Der technische Ausdruck dafür war *sacrorum alienatio* (Cic. orat. 42, 144; de leg. 3, 48) oder *detestatio* (Gell. 15, 27, 3; 7, 12, 1).

[3]) In Attika war für die Adoption dieselbe Ceremonie wie für die Anmeldung eines wirklichen Sohnes bei den φράτορες üblich. Vgl. Isaeus 2, 14; 7, 15.

Familie und gens aus der bisherigen Kultgemeinschaft aus und wird in eine neue aufgenommen[1]). Nach der Analogie des Adoptionsbrauches müsste man voraussetzen, dass auch die Braut aus ihren bisherigen Sacra entlassen wird, ehe sie in das neue Haus eintritt. Dass dies wirklich geschehen, ist für den römischen Brauch zwar nicht bezeugt, lässt sich aber aus den Analogien, die Hochzeits-ceremonien anderer Völker bieten, mit Sicherheit er-schliessen[2]). Ausser den Ceremonien im Hause des Bräutigams werden vielfach die gleichen oder verwandte Riten schon im Hause der Eltern vollzogen, Riten, die sich, wie namentlich in einigen Fällen besonders deutlich ersichtlich ist, hier an die Schutzgötter des Elternhauses wenden.

Wie später im Hause des Gatten[3]), wurde bei den alten Indern die Braut schon im Hause der Eltern drei-mal um den Herd geführt[4]); das gleiche geschah auch bei den alten Preussen im Elternhause[5]). Bei den Indern

---

[1]) Auch die Frau ist ihrem Gatten an Tochters statt. Gaius 1,111. *in familiam viri transibat filiaeque locum obtinebat.* Vgl. Mommsen, Staatsrecht III, 35.

[2]) Dass die Braut bei den Griechen und Römern durch Sühn-riten von dem Kulte des Vaterhauses gelöst werden musste, hat schon Lippert (Kulturgeschichte II, 144 f.) betont, ohne indes ge-nügende Beweise für diese Annahme beizubringen. Ob übrigens das Opfer, das in Rom im Hause der Braut dargebracht wurde, mit dieser Auslösung in Zusammenhang zu bringen ist, wie Lippert a. a. O. S. 145 vermutet, scheint mir zweifelhaft.

[3]) Vgl. oben S. 20.

[4]) Haas in Webers indischen Studien V, 318, 372 f., 388.

[5]) Hartknoch, Alt und Neues Preussen (Frankfurt u. Leipzig 1684) S. 179.

war ausserdem im Hause der Braut noch eine andere Ceremonie üblich, die auf ihren Austritt aus ihrer Familie Bezug hatte[1]). Der Priester löste ihr zwei Locken von den beiden Seiten des Hauptes ab und band dafür zwei Zotten Wolle an. Indem er die erste anheftete, sagte er: „Ich befreie dich von der Fessel des Varuna, womit dich Savitri band; mit dem Gatten versetze ich dich, die unverletzte, in den Urquell des heiligen Gesetzes, in die Welt der Gerechtigkeit."[2])

In Bosnien und der Herzegowina geht die Braut, wie später im Hause des Bräutigams, auch beim Abschiede vom Heimathause dreimal um den Herd und opfert dort[3]). In Kleinrussland fasste der Bräutigam am Hochzeitstage die Braut im Hause ihrer Eltern an der Hand führt sie dreimal um den Tisch herum, indem er jedesmal im Winkel eine tiefe Verbeugung macht. „Es ist dies ein Überrest aus altheidnischer Zeit, wo dort der Schutzgott des Hauses stand, den man auf diese Weise zu ehren pflegte."[4])

Bei den Ruthenen in der Bukowina nimmt die Mutter die Braut, bevor diese zur Kirche fährt, bei der Hand und umgeht den in der Mitte des Zimmers stehenden

---

[1]) Haas a. a. O. S. 319.

[2]) Haas erklärt die Fessel des Varuna als die Natur- und Sittengesetze, nach denen die Braut bisher dem Hause der Eltern angehörte. Die moralisierenden Sprüche sind natürlich erst später dem alten Ritus hinzugefügt worden.

[3]) Lilek, Familien- und Volksleben in Bosnien und der Herzegowina (Ztschr. f. österr. Volkskunde 1900, 165).

[4]) Reinsberg-Düringsfeld, Hochzeitsbuch S. 41.

Tisch dreimal, sie mit Weihwasser besprengend und ihr Weizen unter die Füsse streuend[1]). Ebenso wird auch beim russischen Landvolke die Beschüttung der Braut mit Früchten u. a., die, wie im ersten Abschnitte dargelegt, bei zahlreichen Völkern beim Eintritt in das Haus des Gatten stattfindet, schon vor der Trauung, also im Elternhause vollzogen und nachher beim Betreten des neuen Hauses wiederholt[2]). Schon oben erwähnt war, dass, wie die Heiligenbilder des neuen Hauses — die Heiligen sind, wie dort hervorgehoben, an die Stelle der alten Schutzgötter getreten — der Braut entgegengetragen werden, wenn sie den Hof betritt, ebenso auch die Heiligenbilder des Vaterhauses mit dem Hochzeitszuge in die Kirche und dann wieder ins Hochzeitshaus gebracht werden[3]). Bei den Esten der oberpahlenschen Gegend wird bei Ankunft des Bräutigams im Hochzeitshause die mit einer Decke verhüllte Braut aus dem Hause getragen und auf einen vor der Hausthür ausgebreiteten Teppich oder Pelz gestellt; der Bräutigam, sein Vater und der Hochzeitsmarschall umkreisen sie dreimal, ihre Degen über ihrem Haupte zusammenschlagend. Dann wird sie wieder ins Haus getragen, wobei die Männer mit dem Degen Kreuze an die Thüre machen[4]). Dieselbe Ceremonie

---

[1]) Raindl, Ruthenische Hochzeitsbräuche in der Bukowina (Ztschr. des Vereins für Volkskunde 1901, 163).

[2]) Grosspietsch, Hochzeitsbräuche des russ. Landvolkes (Russ. Revue XII, 248).

[3]) Vgl. oben S. 23.

[4]) Letztere Sitte ist auch bei den Letten üblich. Reinsberg-Düringsfeld a. a. O. S. 21. Der Brauch erinnert — das Kreuzzeichen

des Niedersetzens auf einen Teppich oder Pelz wiederholt sich später in der Wohnung des Bräutigams [1]). Ebenso wird auch in Russisch-Karelien die Braut am Hochzeitsmorgen beim Herannahen des Bräutigams und seines Gefolges auf den Hof hinausgetragen; ein Schaffell wird auf den Boden gebreitet, die Braut kniet darauf nieder und wird von den Singweibern, die dabei mit verhülltem Gesichte ihre Lieder singen, genötigt, immer tiefer sich herabzubeugen, bis sie mit der Stirn die Erde berührt [2]).

Der oben [3]) angeführte estnische Brauch, dass die Braut im Hause des Gatten überall umhergeführt wird und kleine Opfergaben darbringt, wird vorher auch schon im Elternhause vollzogen [4]). Bei einer wotjäkischen Hochzeit zogen im Elternhause Brautwerber und Braut, geführt von zwei Weibern und gefolgt von mehreren andern Weibern und Männern, singend dreimal von links nach rechts um die Feuerstelle. Sie hielten vor einem Heiligenbilde in der linken Ecke gegenüber der Thür, bekreuzten

---

ist natürlich eine christliche Abänderung eines alten Ritus — an die römische Sitte des Salbens der Thürpfosten.

[1]) v. Schroeder, Hochzeitsgebräuche der Esten S. 88. Winter, Eine Bauernhochzeit in Russisch-Karelien (Globus 1899, 319, Anm. 7).

[2]) Winter a. a. O. S. 318. Das Niederknien auf dem Pelze, Felle oder Teppiche ist, wie Winter richtig gesehen hat, der Rest eines Opfers. Vgl. unten den letzten Abschnitt.

[3]) S. 22 ff.

[4]) v. Schroeder a. a. O. S. 131. Reinsberg-Düringsfeld a. a. O. S. 14. Zu erwähnen ist hier auch, dass bei der estnischen Hochzeit im Elternhause Bier als Opfer für die Schutzgötter des Hauses verschüttet wird (a. a. O. S. 15).

sich und zogen wieder singend um die Feuerstelle [1]). Bei den Bulgaren wird eine ähnliche Ceremonie wie diejenige, die in Dalmatien nach einem oben [2]) mitgeteilten Berichte im Hause des Bräutigams üblich ist, schon im Hause der Eltern vollzogen: die Braut hält einen mit Bohnen gefüllten Reuter und drei brennende Tannenscheite in der Hand, ersteren wirft sie, nachdem die Verwandten des Bräutigams in das Zimmer eingetreten sind, in den Hof oder aufs Hausdach [3]).

Nach diesen Beispielen wird es auch verständlich sein, warum, wie oben [4]) angeführt, die Verhüllung der Braut in der Oberpfalz grade bei der Entlassung aus dem Elternhause stattfand und bei den Wotjäken zweimal, zuerst im Elternhause und dann bei der Ankunft in der Wohnung des Gatten, vollzogen wird: der Sühnritus, der durch die Verhüllung symbolisiert wird, richtet sich nicht nur an die neuen Schutzgötter, sondern auch an die bisherigen, die versöhnt werden müssen, weil ihrem Bereiche ein ihnen Schutzbefohlener entzogen wird. Ebenso erklärt es sich nun auch, dass in Attika dieselben Lustrationsbräuche bei der Mannbarkeit der Knaben und bei oder vor der Hochzeit der Töchter geübt werden [5]): bei den Knaben ist, wie schon früher dargelegt, eine Sühnung nötig, weil sie als Erwachsene ein neues Verhältnis zu den Schutz-

---

[1]) v. Schroeder a. a. O.
[2]) S. 24.
[3]) Strauss, Die Bulgaren S. 323.
[4]) S. 49 f., 57, Anm. 5.
[5]) Vgl. oben S. 71 ff., 89 f.

göttern der Familie und der Phratrie treten, bei den
Töchtern, weil sie aus der religiösen Gemeinschaft, der
sie bis dahin angehört haben, ausscheiden und somit der
Gottheit, zu deren Kulte sie bisher verpflichtet waren,
künftig nicht mehr dienen.

Die Ceremonien, die in der Phratrie erforderlich
waren, richteten sich jedenfalls in den einzelnen Phratrien an
verschiedene Gottheiten, die als Beschützer der betreffenden
Gemeinschaft verehrt wurden[1]). An welche Gottheiten
sich eigentlich die Riten richteten, die sich auf die Lösung
der Braut aus dem Familienkulte beziehen, darüber geben
die Notizen, die von der κορυθάλη handeln, keinen Aufschluss. Aber noch von einem andern Ritus, den die
griechische Braut bei oder vor der Hochzeit zu vollziehen
hatte, ist uns eine Spur erhalten, und durch sie erfahren
wir, wem diese Lustration beim Scheiden aus der Familie
in alter Zeit gegolten hat. In einer Dichtung, die viel
Hochaltertümliches erhalten hat, in den Choephoren des
Aeschylus, fleht Elektra die Seele des Agamemnon an,
dem Orest Beistand zu leihen, dann werde sie die Hoch-
zeitsspenden am Grabe des Vaters darbringen können[2]).
Wilamowitz bemerkt zu dieser Stelle, es sei nur mensch-

---

[1]) Vgl. oben S. 72 f.
[2]) Aeschyl. Choephor. 470. Or. οὕτω γὰρ ἄν σοι δαῖτες ἔννομοι
βροτῶν
κτιζοίατ᾽· εἰ δὲ μή, παρ᾽ εὐδείπνοις ἔσῃ
ἄτιμος ἐμπύροισι κνισωτοῖς χθονός.
El. κἀγὼ χοάς σοι τῆς ἐμῆς παγκληρίας
οἴσω πατρῴων ἐκ δόμων γαμηλίους·
πάντων δὲ πρῶτον τόνδε πρεσβεύσω τάφον.

lich, dass die Braut, ehe sie in ein anderes Haus über-
gehe, der eigenen Ahnen gedenke[1]). Allein, dass es sich
hier nicht um ein rein menschliches Gefühl, sondern
um einen uralten Ritus handelt, das zeigt das entsprechende
Gebet des Orestes. Er begehrt des Vaters Hilfe, damit
Agamemnon nicht der Totenopfer verlustig gehe, die ihm
zukommen (δαῖτες ἔννομοι). Wie seine Worte sich auf
ein Opfer beziehen, das Agamemnon nach Recht und
Sitte gebührt, so muss das gleiche auch von Elektras
Worten gelten. Ihr Gebet beweist also, dass es ein fest-
stehender Ritus für die attische Jungfrau war, beim
Scheiden aus der Familie und ihrem Kulte ein Sühnopfer
der Seelen der Ahnen zu weihen[2]).

VIII.

Unter den verschiedenen in den vorangegangenen
Untersuchungen besprochenen Einweihungsceremonien ist
eine bisher noch nicht behandelt und zwar grade diejenige, die wir κατ' ἐξοχὴν als Einweihungsritus zu bezeichnen gewohnt sind, — die Mysterienweihe. Auf die
bei ihr üblichen Riten und ihren Zusammenhang mit
den früher erörterten muss ich daher jetzt noch kurz ein-
gehen.

Die deutlichste Vorstellung von der Mysterienweihe
giebt das Relief einer römischen Aschenurne, das zu-

---

[1]) Aeschylos, Orestie, griech. und deutsch von U. v. Wilamo-
witz-Möllendorff. 2. Stück: Das Opfer am Grabe, S. 204.

[2]) Vgl. auch die verwandten Bräuche bei H. E. Meyer, Badisches
Volksleben im 19. Jahrhundert S. 296.

sammen mit einigen verwandten Darstellungen von Ersilia Lovatelli im Bulletino communale di Roma VII (1879), Tf. 1/5 (vgl. p. 5 ff.) publiciert ist [1]).

Die Darstellung besteht aus drei Gruppen. Die erste zeigt das Reinigungsopfer, das der Einweihung vorangeht [2]), die dritte die ἐποπτεία, d. h. den Mysten vor Demeter und Persephone. Die zwischen diesen beiden Scenen dargestellte Gruppe stellt demnach den zwischen dem Reinigungsopfer und der ἐποπτεία liegenden Vorgang dar, die eigentliche Weihe, die μύησις [3]). Hinter dem sitzenden Mysten steht hier eine Frau, vermutlich die Hierophantin, sie hält über sein Haupt eine Getreideschwinge, ein λίκνον. Wie Dieterich richtig hervorhebt [4]), schüttelt sie das λίκνον [5]), jedenfalls um den Mysten mit den darin befindlichen Körnern zu bestreuen, mit andern Worten, sie vollzieht den Ritus der καταχύσματα, den wir ja im ersten Abschnitte als Sühnritus näher kennen lernten [6]).

---

[1]) Das oben besprochene Relief auch bei Stengel, Griech. Kultusaltertümer Taf. IV, 3.

[2]) Der zu Weihende steht mit nackten Füssen, ein Fell umgeworfen, vor einem Priester, in der rechten Hand ein Opferferkel, über dessen Kopf der Priester Wasser ausgiesst.

[3]) So scheidet Stengel a. a. O. S. 161 die drei Scenen richtig. Dieterich (Rhein. Mus. 48, 276) scheidet zwischen Opfer, κάθαρσις und ἐποπτεία, wobei dann die eigentliche μύησις ausfällt, während doch durch das Opfer eben die κάθαρσις vollzogen wird.

[4]) a. a. O. S. 276.

[5]) Dass sie es wirklich schüttelt, wird mir von Herrn Dr. Delbrück, der das Relief freundlichst für mich noch einmal geprüft hat, bestätigt.

[6]) Nicht auf solche καταχύσματα, sondern auf das ἀπομάττειν der zu Weihenden bezieht sich anscheinend Aristoph. Wolken 260 ff. Vgl. Dieterich a. a. O. S. 278 f.

Das λίχνον, das hier zu der Bestreuung benutzt
wird, kommt auch beim Hochzeitsritus zur Verwendung:
in einem λίχνον trug ein mit Dornen und Eicheln be-
kränzter Knabe Brötchen herum[1]). Mit Recht betrachtet
Mannhardt[2]) diesen Brauch als eine Abart der καταχύσματα.
Es ist an sich wenig wahrscheinlich, dass wirklich das
λίχνον ursprünglich zum Tragen einer Opfergabe benutzt
worden sei. Die Vermutung aber, dass die Getreideschwinge auch bei der Hochzeit zum Schwingen, zum
Auswerfen einer Opferspende gedient hat, wird bestätigt
durch die Bräuche anderer Völker, bei denen ein ähnliches
Gerät, ein Getreidesieb, zum Beschütten mit der Opfer-
frucht benutzt wird. Einige Beispiele hierfür sind schon
im ersten Abschnitte angeführt worden[3]). Verwandt
ist der Geburtsritus, bei dem das Kind auf ein λίχνον
gesetzt oder der Wiege die Gestalt eines λίχνον gegeben
wird[4]).

Mannhardt . erklärt die Verwendung des λίχνον aus
der von ihm dargelegten Bedeutung der καταχύσματα als
eines Symbols der Fruchtbarkeit, einer Symbolik, die ja,

---

[1]) Zenob. III, 98 (Paroemiogr. ed. Leutsch I, p. 82). Ἀθήνῃσι γὰρ
ἐν τοῖς γάμοις ἔθος ἦν ἀμφιθαλῆ παῖδα ἀκάνθας μετὰ δρυΐνων καρπῶν
στέφεσθαι καὶ λίχνον ἄρτων πλῆρες περιφέροντα λέγειν· ἔφυγον κακόν,
εὗρον ἄμεινον. Suid. s. v. ἔφυγον κακόν. Vgl. auch Harpokrat.
λιχνοφόρος· τὸ λίχνον πρὸς πᾶσαν τελετὴν καὶ θυσίαν ἐπιτήδειόν ἐστι.

[2]) Myth. Forschungen S. 371.

[3]) S. 4, Anm. 3. Vgl. Mannhardt a. a. O. S. 354, 357, 361.

[4]) Vgl. Mannhardt a. a. O. S. 369. Preller-Robert, Griechische
Mythologie S. 764, 2. Stephani, Compte-rendu 1859, 46 ff. Über
die Verbindung des Jakchos mit den λίχνον vgl. Preller a. a. O.
S. 687.

wie oben ausgeführt, als sekundäres Moment für den Ritus anerkannt werden muss. Bei den Mysterien würde dann die Schwinge als ein Symbol der Erdgöttin Demeter aufzufassen sein. Ich wage nicht zu entscheiden, ob diese Erklärung richtig ist oder ob in allen drei Fällen der Gebrauch des λίχνον, wie Ersilia Lovatelli und Dieterich annehmen, die Reinigung versinnbildlicht[1]). Dass die Hauptsache beim Hochzeitsritus jedenfalls die Ausschüttung der Früchte und nicht die Verwendung des λίχνον ist, ergiebt sich daraus, dass sie, wie wir im ersten Abschnitte sahen, auch ohne λίχνον vorgenommen wurde.

Die Benutzung des λίχνον bei der Hochzeit verbindet sich mit einem andern Ritus, in dem Hochzeits- und Mysterienbrauch übereinstimmen. Der Knabe, der die Opferbrote umherträgt, sagt den Spruch „ἔφυγον χαχόν, εὗρον ἄμεινον“, d. h. der Spruch der Einweihung, den auch der Myste nach der Weihe sagt[2]): damit wird der Hochzeitsbrauch deutlich als Einweihungsbrauch gekennzeichnet.

Ausser der Verwendung des λίχνον zeigen die oben erwähnten Reliefs noch zwei andere Mysterienriten: der Myste ist verhüllt und sitzt auf einem Felle[3]). Auch

---

[1]) Dass das Hin- und Herschütteln des Kindes zugleich als eine Reinigung von bösen Mächten im Sinne der römischen *februatio* gedacht ist, erkennt auch Mannhardt a. a. O. S. 370 an.

[2]) Demosth. περὶ τοῦ στεφάνου 259. χαθαίρων τοὺς τελουμένους χάπομάττων τῷ πηλῷ χαὶ τοῖς πιτύροις χαὶ ἀνιστὰς ἀπὸ τοῦ χαθαρμοῦ χελεύων λέγειν „ἔφυγον χαχὸν, εὗρον ἄμεινον.“

[3]) Auf der besprochenen Aschenurne ist es ein Löwenfell. Weshalb dies hier dargestellt ist, ist nicht sicher zu entscheiden (vgl.

diese beiden Sühnriten — auf beide weist auch der Demeterhymnus[1]), und die Parodie in den Wolken des Aristophanes[2]) hin — kommen ausser bei der Mysterien- weihe auch bei anderen der im Vorangegangenen be- sprochenen Einweihungsbräuchen vor. Über die Verhüllung bei der Hochzeit und bei der römischen Freilassung und die Bedeutung dieses Ritus ist oben ausführlich gesprochen. Dass auch der zweite Ritus auf dem Gedanken des Sub- stitutionsopfers beruht, hat Diels[3]) mit Recht betont. Ausser bei der Mysterienweihe finden wir diesen Sühn- ritus bei der römischen Hochzeit: die Braut muss sich im Hause des Gatten auf dem Felle eines Opfertieres niedersetzen[4]). Auch bei den Indern wurde die Braut

---

Lovatelli a. a. O. p. 16); dass eigentlich ein Widderfell verwendet wird, deutet wohl der daneben liegende Widderkopf an (Dieterich a. a. O. S. 276).

[1]) V. 194 ff. ἀλλ' ἀκέουσ' ἀνέμιμνε κατ' ὄμματα καλὰ βαλοῦσα,
πρίν γ' ὅτι δή οἱ ἔθηκεν Ἰάμβη κέδν' εἰδυῖα
πηκτὸν ἕδος, καθύπερθε δ' ἐπ' ἀργύφεον βάλε κῶας,
ἔνθα καθεζομένη προκατέσχετο χερσὶ καλύπτρην.

Vgl. Diels, Sibyll. Blätter S. 123.

[2]) Dieterich a. a. O. S. 275 ff. Die Parodie bezieht sich nicht gerade auf die eleusinischen Mysterien, doch sind die Einweihungs- riten anderer Mysterien jedenfalls ähnlich gewesen.

[3]) a. a. O. S. 69 f.

[4]) Fest. ep. p. 114, 16. *In pelle lanata nova nupta considere solet.* Plut. quaest. Rom. 31. τὴν νύμφην εἰσάγοντες νάκος ὑποστρωνύουσιν. Rossbach (Römische Ehe S. 112) bringt mit Recht mit diesem Brauche folgende Stelle des Interpol. Servii in Zusammenhang. Verg. Aen. IV, 374. *Mos enim apud veteres fuit flamini atque fla- minicae, dum per confarreationem in nuptias convenirent, sellas duas iugatas ovilla pelle superiniecta poni eius ovis, quae hostia fuisset, ut ibi nubentes velatis capitibus in confarreatione flamen ac flaminica resi- derent.* Vgl. Rossbach a. a. O. S. 324.

auf ein rotes Stierfell gesetzt [1]). Bei den griechisch-
katholischen Ostfinnen stellt sich das junge Paar beim
Eintritte in das neue Haus auf einen Pelz [2]). Einige
andere Beispiele für eine solche Verwendung des Pelzes
in russischen Hochzeits- und auch Geburtsriten sind schon
oben angeführt worden [3]).

Wie die eben gegebenen Zusammenstellungen zeigen,
stimmen die Mysterienbräuche nicht bloss, wie ja längst
erkannt [4]), mit den Hochzeitsriten, sondern auch mit andern
Aufnahmebräuchen des häuslichen oder Geschlechtskultes,
wie denen bei der Geburt und der Freilassung, überein.
Diese Übereinstimmung zwischen häuslichem oder Geschlechtskulte und Mysterienritus ist nicht schwer zu erklären. Es darf als sicher gelten, dass die Mysterien
sich aus einem ursprünglich streng abgeschlossenen Geschlechtskulte entwickelt haben [5]). Es ist daher nur
selbstverständlich, dass die Aufnahme in diesen Kult
unter denselben Formen vollzogen wurde wie die Ein-

---

[1]) Haas in Webers ind. Stud. V, 324. Oldenberg, Religion
des Veda S. 463.
[2]) Globus 1899, 319.
[3]) S. 63, 93.
[4]) Vgl. oben S. 9, Anm. 1.
[5]) Vgl. Rohde, Psyche I, 281 f.. Töpfer, Beiträge zur griechischen Altertumswissenschaft S. 340. Stengel, Griech. Kultusaltertümer S. 153. Wenn Anrich (Das antike Mysterienwesen S. 8) in
der Übereinstimmung der Hochzeits- und Mysterienriten einen Be-
weis dafür gesehen, dass die Mysterien sich durch allmähliche Er-
weiterung aus dem häuslichen Kulte entwickelt haben, so wird diese
Schlussfolgerung dadurch bestätigt, dass, wie oben gezeigt, die
Mysterienriten nicht nur mit den Hochzeitsceremonien, sondern
auch mit anderen Familien- und Geschlechtsbräuchen identisch sind.

weihung in jeden andern Familien- oder Geschlechtskult und dass diese Formen sich auch erhielten, als der alte Charakter der Mysterien sich verändert und einem jeden, der die Weihen begehrte und empfing, der Zutritt zu ihnen offen stand. Die Verwandtschaft mit dem Geschlechtskulte blieb ja stets erhalten[1]): hier wie dort finden wir einen geschlossenen Kreis, zu dem Unberechtigten der Zutritt verwehrt ist und zu dem man nur unter gewissen Bedingungen, unter Erfüllung gewisser Formen zugelassen wird.

- Bei den Mysterien hat sich die Bedeutung dieser Formen als Aufnahmeriten, als Einweihungsceremonien stets klar erhalten. Anders beim Familienkulte. Hier ist der alte Sinn vielfach verdunkelt und schon im Altertum nicht recht verstanden worden, hat man doch, wie es scheint, bei manchem dieser Bräuche schon im Altertume vergessen, dass es sich um eine religiöse Ceremonie handelt. Nur durch genaue Untersuchungen und Vergleichung mit verwandten Sitten konnte der ursprüngliche Sinn der hier behandelten Familienbräuche aufgedeckt werden. Es sind Überreste aus den Anfängen der griechischen Religion, die wir erörtert haben, Überreste ähnlicher Art wie die Rudimente des Totenkultes, die uns Rohde im homerischen Epos gezeigt hat, wie die *survivals* aus längst vergangenen Tagen, die sich noch heute in

---

[1]) Als Verwandte des aufnehmenden Priesters werden die Mysten noch in später Zeit bezeichnet, der Einweihende wird Vater des Mysten genannt. Eunap. p. 90. Apul. met. 11, 25. Tertull. apolog. 8; ad nat. 1, 7. Gelegentlich wird die Weihe des Mysten als Adoption, als Aufnahme in das göttliche γένος aufgefasst. Rohde, Psyche II, 421 ff.

unserem deutschen Volksglauben erhalten haben. Dass
solche Überreste in den Bräuchen des antiken Lebens
noch vielfach verborgen sind, darf man als sicher annehmen. Sie aufzusuchen und damit unsere Kenntnis
von den ältesten Religionsanschauungen zu erweitern
und zu bereichern, ist von den Aufgaben der Religionswissenschaft wohl keine der geringsten. Zur Lösung dieser
Aufgabe einen kleinen Beitrag zu liefern, war die Absicht
dieses Büchleins.

Anhang.

Die Entstehung des Larenkultes.

Im ersten Abschnittte meiner Untersuchungen[1]) hatte
ich angedeutet, dass nach meiner Ansicht der römische
Larendienst, wie dies schon früher im Altertum und in
neuerer Zeit vielfach angenommen worden, aus dem Ahnenkulte hervorgegangen ist. Diese Auffassung hat jedoch,
wie schon oben erwähnt, grade bei einem der verdienstvollsten unter den Forschern auf dem Gebiete der römischen
Religionswissenschaft, bei Georg Wissowa, nachdrücklichen
Widerspruch gefunden, und seiner Ansicht haben andere
beigestimmt. In der neuesten Darstellung der römischen
Religion, der von Aust[2]), wird nicht einmal erwähnt,
dass der Larenkult mit der Totenverehrung zusammengebracht worden ist, und auch Hild in seinem im
dictionaire von Daremberg-Saglio erschienenen Artikel

---

[1]) S. 11.
[2]) Emil Aust, Die Religion der Römer S. 135.

„Lares" schliesst sich im wesentlichen (d. h. in der Ab-
lehnung des Zusammenhangs mit dem Totenkulte) Wissowas
Ansicht an. De Marchi[1]) hat die Darlegungen Wissowas
zu widerlegen versucht, da seine Gründe indes unzureichend
und vielfach unzutreffend sind, so liegt es mir ob, hier
näher auf den Larenkult einzugehen und meine Rück-
kehr zu der alten Auffassung zu begründen.

Wissowa hat in verschiedenen seiner Arbeiten mit
Recht betont, dass den Erklärungen der antiken Schriftsteller für unsere eigenen Untersuchungen keinerlei Wert
zukomme, da sie in den seltensten Fällen auf wirklicher
Überlieferung, in der Regel vielmehr auf reinen Hypothesen
beruhen. Den Ausgangspunkt unserer eigenen Erklärungen
müssen vielmehr — darin stimme ich selbstverständlich
Wissowa bei — die sicher überlieferten Thatsachen des
Kultes bilden. So wertvoll aber im allgemeinen diese
Darlegungen Wissowas gegenüber den unkritischen Er-
klärungsversuchen früherer Forscher sind, — in dem
vorliegenden Falle, beim Larenkulte, ist Wissowa zu weit
gegangen, denn hier stimmen, wie ich zu zeigen hoffe,
grade die Thatsachen des Kultes besser zu der Ableitung
des Larendienstes aus dem Seelenkulte als zu Wissowas
eigner Deutung.

Während man sonst stets von den Hauslaren aus-
gegangen war, nimmt Wissowa an, dass der Larendienst
seine Wurzeln ausserhalb des Hauses habe und erst
relativ spät in den Kreis der Herdkulte eingetreten sei[2]).

---

[1]) De Marchi, Il culto privato di Roma antica S. 34 ff.
[2]) Roschers Lex. II, 2, 1890, 1877.

Der Kult der Hauslaren hat sich nach seiner Ansicht erst aus dem Kulte der an den *compita* verehrten Laren, der göttlichen Beschützer aller anliegenden Grundstücke und der zugehörigen Häuser, entwickelt[1]). Im Gegensatz zu den Genien giebt es ferner nach Wissowas Annahme keine Laren von Personen und Personengruppen, sondern die Larenvorstellung hängt immer am Orte[2]). Die am Herde verehrten Laren wären demnach eigentlich nicht die Schützer der Familie, sondern die Wächter des Hauses, des Grundstücks. Wären diese beiden Annahmen richtig, so wäre natürlich damit die Unmöglichkeit einer Entstehung des Larenkultes aus dem Totenkulte nachgewiesen. Allein gegen beide sprechen gewichtige Bedenken.

Dass die an den Kreuzwegen verehrten Schutzgötter des Bezirkes nicht nur den Bezirk als Ganzes, sondern auch die einzelnen Häuser desselben beschirmen und deshalb auch in diesen einen Kult geniessen, wäre nicht auffallend. Sehr merkwürdig aber wäre dann die Einzahl des Hauslaren[3]). Welchen der Compitallaren, so müsste man dann doch wohl fragen, verehrt denn der Einzelne in seinem Hause? Es wäre doch sehr seltsam, wenn sich der einzelne Hausvater aus den Laren, die an den *compita* in der Zweizahl oder in unbestimmter Mehrzahl (s. unten) verehrt werden und sich gar nicht von einander scheiden lassen, beliebig einen für seinen

---

[1]) a. a. O. 1875 f.

[2]) a. a. O. 1890.

[3]) Dass es ursprünglich nur einen Hauslar gab, unterliegt keinem Zweifel. Vgl. Wissowa a. a. O. 1876.

privaten Kult herausgriffe. Wären die Compitallaren das
Ursprüngliche, so würden jedenfalls in dem einzelnen Hause
die Laren und nicht der Lar verehrt werden. Umgekehrt
lässt sich, wie weiter unten zu zeigen, aus der Einzahl
des Lar familiaris die Mehrzahl der Lares compitales
unschwer erklären.

Die Annahme ferner, dass der Larenkult, auch der
häusliche, am Orte, nicht an der Familie hafte, steht
mit sicher bezeugten Thatsachen im Widerspruch.

Wäre Wissowas Ansicht richtig, so müsste der Lar
im Hause bleiben, wenn die alten Bewohner es verlassen,
und der Schutzgott des neuen Herrn werden. Das aber
ist nicht der Fall: der Lar wird in die neue Heimat mit-
genommen, wie nicht nur aus der Aeneassage bekannt ist,
sondern auch sonst bezeugt wird. Wie Wissowa selbst[1])
anführt, wandert er mit der Familie, wenn diese ihre
alten Sitze verlässt[2]), und man opfert ihm, wenn man
ein neues Haus bezieht[3]). Offenbar gehört also der Lar
nicht zum Grundstück, sondern zur Familie. Dass aber
der Dienst dieses Familienlar mit dem Seelenkulte in
Zusammenhang steht, dafür spricht zunächst folgende Beobachtung.

Wenn in Griechenland ein Bissen einer Speise auf
die Erde gefallen war, so durfte man ihn nicht auf-

---

[1]) a. a. O. 1877/78.
[2]) Ovid, fast. IV, 802. Tibull II, 5, 42.
[3]) Plaut. Trin. 39 ff.

heben, sondern er galt als das Eigentum der Seelen, die man sich also im Hause selbst befindlich dachte[1]).

Derselbe Brauch kehrt bei andern Völkern wieder. Bei den Trauermahlen der alten Preussen warf jeder der Gäste von jeder Speise ein Stück unter den Tisch und goss etwas nach, damit die Seele sich daran erquicke. War zufällig etwas vom Tische auf die Erde gefallen, so wurde es nicht aufgehoben, sondern den armen Seelen gelassen, welche keine Blutsverwandte und Freunde auf der Welt hatten, die für sie sorgen müssten[2]). In der Oberpfalz werden die abgefallenen Brosamen gesammelt und ins Feuer geworfen, damit sie den armen Seelen zur Sättigung dienen. Wenn am Tische beim Herausnehmen der Suppe oder andrer Speise etwas abfällt, so darf man es nicht mehr in die Schüssel oder den Teller zurückthun, es

---

[1]) Laert. Diog. VIII, 34. Ἀριστοφάνης τῶν ἡρώων φησὶν εἶναι τὰ πίπτοντα λέγων ἐν τοῖς Ἥρωσι· μηδὲ γεύεσθ᾽ ἅττ᾽ ἂν ἐντὸς τῆς τραπέζης καταπέσῃ. (Arist. ἥρωες, fr. 291.) Athen. X, 427e. τοῖς τετελευτηκόσι τῶν φίλων ἀπένεμον τὰ πίπτοντα τῆς τροφῆς ἀπὸ τῶν τραπεζῶν· διὸ καὶ Εὐριπίδης περὶ τῆς Σθενεβοίας φησίν, ἐπειδὴ νομίζει τὸν Βελλεροφόντην τεθνάναι (fr. 667 N)

πεσὸν δὲ νιν λέληθεν οὐδὲν ἐκ χερός,
ἀλλ᾽ εὐθὺς αὐδᾷ ῾τῷ Κορινθίῳ ξένῳ᾽.

Suid. II, 2, p. 553, 4. s. Πυθαγόρα τὰ σύμβολα. Jamblich. vita Pyth. 126. E. Rohde, Psyche I, 245.

[2]) Hartknoch, Alt und Neues Preussen S. 188. J. v. Meletius, De relig. et sacrificiis veterum Borussorum epistola in „ De Russorum religione ritibus" etc., 1582. Vgl. auch Hanusch, Wissenschaft des Slav. Myth. S. 408. Nach litauischem und lettischem Brauche werden Brotkrumen stillschweigend den Ahnen auf die Erde geworfen (J. von Negelein, Die Reise der Seele ins Jenseits, Zeitschrift des Vereins für Volkskunde 1901, 157).

gehört den amen Seelen [1]). Auch in Böhmen wirft man,
damit die armen Seelen auch etwas haben, die Brosamen
ins Feuer; werden sie auf die Erde geworfen und man
tritt auf sie, so weinen nach böhmischem Volksglauben
die Seelen [2]). Nach dem Volksglauben des Unterinnthals
kommen die Brosamen, die man ins Feuer wirft, den
armen Seelen zu [3]).

Ein ganz ähnlicher Brauch nun findet sich in Rom
beim Larenkulte. Vgl. Plin. 28, 27. *Cibus etiam e manu
prolapsus reddebatur utique per mensas vetabantque mun-
ditiarum causa deflare, et sunt condita auguria, quid lo-
quenti cogitantive id acciderit, inter execratissima, si
pontifici accidat dicis causa epulanti. in mensa utique id
reponi adolerique ad Larem piatio est.*

Da nun bei allen andern Völkern dieser Ritus den
Seelen der Abgeschiedenen gilt, so ist es sehr wahrscheinlich, dass auch in Rom die Geister, denen der
auf den Boden fallende Bissen gehört, ursprünglich mit
den Seelen identisch sind, d. h. dass der Lar als der Ahne

---

[1]) Schönwerth, Aus der Oberpfalz I, 284 f.

[2]) Wuttke, Der deutsche Volksaberglaube der Gegenwart [3]
S. 311.

[3]) Zingerle, Sitten und Bräuche des Tyroler Landvolkes S. 37,
n. 301. Vgl. n. 300: „Wenn jemand Brosamen auf die Erde fallen
lässt, so sammelt sie der Teufel, backt ein Laib daraus und wirft
ihn beim ‚Gericht‘ in die Wagschale zu seinen Sünden.“ Ein ähnlicher Glaube besteht in Böhmen (Wuttke a. a. O. S. 311). Man
vermeidet aber dies, wenn man bei entfallenden Brosamen sagt:
„Arme Seele, rappet,
Dass ’s der Tuifel nit dertappet.“
Vgl. dazu Liebrecht, Zur Volkskunde S. 400.

der Familie (griech. ἥρως) aufzufassen ist, — wenn nicht andere gewichtige Gründe dieser Auffassung widersprechen. Dass dies nicht der Fall ist, dass sich vielmehr alle alten Formen des Larenkultes aus der Annahme eines ursprünglichen Ahnendienstes erklären lassen, hoffe ich im folgenden zu zeigen.

Für den Zusammenhang mit dem Seelenkulte spricht zunächst in Verbindung mit den vorangegangenen Erörterungen die Thatsache, dass beim Todesfalle dem Lar familiaris ein Opfer gebracht wird[1]), sowie ferner das Ritual des Larenfestes, der Compitalia. An den compita und vor den Thüren der Häuser hing man bei diesem Feste zur Nachtzeit wollene Puppen auf.[2]) Dass es sich

---

[1]) Cicero de leg. II, 55. *neque necesse est edisseri a nobis, quae finis funestae familiae, quod genus sacrificii Lari vervecibus fiat, quemadmodum os resectum terra obtegatur* etc.

[2]) Fest. ep. p. 121, 17. *Laneae effigies Compitalibus noctu dabantur in compita.* Fest. ep. p. 239, 1. *Pilae et effigies viriles et muliebres ex lana Compitalibus suspendebantur in compitis, quod hunc diem festum esse deorum inferorum, quos vocant Lares, putarent, quibus tot pilae, quot capita servorum, tot effigies, quot essent liberi, ponebantur, ut vivis parcerent et essent his pilis et simulacris contenti.* Vgl. Varro sat. Meu. fr. 463 Buech. = Non. p. 538, 15. Macrob. Sat. I, 7, 34. *ludi per urbem in compitis agitabantur, restituti scilicet a Tarquinio Superbo Laribus ac Maniae ex responso Apollinis, quo praeceptum est, ut pro capitibus capitibus supplicaretur. idque aliquamdiu observatum, ut pro familiarum sospitate pueri mactarentur Maniae deae, matri Larum, quod sacrificii genus Iunius Brutus consul pulso Tarquinio aliter constituit celebrandum. nam capitibus alii et papaveris supplicari iussit, ut responso Apollinis satis fieret de nomine capitum, remoto scilicet scelere infaustae sacrificationis: factumque est, ut effigies Maniae suspensae pro singulorum foribus periculum, si quod immineret familiis, expiarent.* Über die Mania vgl. Wissowa in Roschers Lexicon II, 2, 2324. Ob W. hier mit Recht annimmt, dass diese Göttin ihren Ursprung

unserem deutschen Volksglauben erhalten haben. Dass solche Überreste in den Bräuchen des antiken Lebens noch vielfach verborgen sind, darf man als sicher annehmen. Sie aufzusuchen und damit unsere Kenntnis von den ältesten Religionsanschauungen zu erweitern und zu bereichern, ist von den Aufgaben der Religionswissenschaft wohl keine der geringsten. Zur Lösung dieser Aufgabe einen kleinen Beitrag zu liefern, war die Absicht dieses Büchleins.

Anhang.

Die Entstehung des Larenkultes.

Im ersten Abschnittte meiner Untersuchungen[1]) hatte ich angedeutet, dass nach meiner Ansicht der römische Larendienst, wie dies schon früher im Altertum und in neuerer Zeit vielfach angenommen worden, aus dem Ahnenkulte hervorgegangen ist. Diese Auffassung hat jedoch, wie schon oben erwähnt, grade bei einem der verdienstvollsten unter den Forschern auf dem Gebiete der römischen Religionswissenschaft, bei Georg Wissowa, nachdrücklichen Widerspruch gefunden, und seiner Ansicht haben andere beigestimmt. In der neuesten Darstellung der römischen Religion, der von Aust[2]), wird nicht einmal erwähnt, dass der Larenkult mit der Totenverehrung zusammengebracht worden ist, und auch Hild in seinem im dictionaire von Daremberg-Saglio erschienenen Artikel

---

[1]) S. 11.
[2]) Emil Aust, Die Religion der Römer S. 135.

gebenen Darlegungen der Lar familiaris, der, wie oben auseinandergesetzt, als der Ausgangspunkt des Larenkultes zu betrachten ist, nicht der Beschützer des Grundstücks, also nicht eine Erdgottheit, sondern der Schirmer der Familie ist, so fällt die zweite Möglichkeit fort, zumal die erste — dass es sich um Seelen handelt — schon auf anderem Wege wahrscheinlich gemacht ist.[1]

Die nächtliche Darbringung des Opfers teilen die Compitalien mit den Lemurien, es ist also nicht zutreffend, wenn Wissowa[2] betont, dass die Compitalien in nichts an das charakteristische Ritual der Totenfeste (wie Parentalia, Lemuria u. a.) erinnern.[3] Dass sich zu diesem nächtlichen Opfer bei der Tagesfeier auch heitere Elemente gesellten, ist richtig; dass damit aber die Ableitung des Festes aus altem Seelenkulte nicht widerlegt wird, ergiebt sich aus der Vergleichung der attischen Anthesterien. Auch an diesem Feste bringt man — am dritten Tage — den Toten Opfer dar, und doch haben sie im übrigen, ganz wie die Compitalien, den Charakter eines heiteren Volksfestes.[4]

---

[1] Beachtenswert ist auch die Notiz in Corp. Gloss. ed. Goetz VI, 244 (= II, 104, 16). *Compitalia* θεῶν ἀγυιαίων ἑορταὶ αἱ γινόμεναι ἐν ταῖς ὁδοῖς ὑπὸ τῶν προσηκόντων τοῖς νεκροῖς.

[2] Roschers Lex. II 2, 1874.

[3] Hilds Behauptung (a. a. O. 940, 15), dass die Ceremonien „d'un charactère funèbre" aus den Larentalien in die Compitalien eingedrungen sind und sich an die Manen richten, ist ganz unbegründet.

[4] Dass dieser heitere Charakter nicht ursprünglich, sondern erst später in den Vordergrund getreten sei, vermutet Stengel, Griech. Kultusaltert.² S. 210 mit gutem Grunde. Vgl. auch Rohde,

In Zusammenhang mit den Laren hat man die Göttin
Larenta[1]) gebracht, deren Fest zweifellos ein Totenfest
war.[2]) Mommsen und Wissowa verwerfen diesen Zusammenhang mit Rücksicht auf die verschiedene Quantität
des a, das in *Lares* kurz, in *Larentia* (der von Larenta
abgeleiteten Form) und ebenso in der Namensform *Larunda*
sowie in *Larentalia* lang ist. *Lārentia* und *Lārentalia*
kommt bei Ovid, fast. 3, 55. 57 vor. Mit Recht hat
Zielinski darauf hingewiesen, dass Lărēntălĭă in dakty-
lischen Versen überhaupt nicht unterzubringen wäre.[3])
Es wäre daher begreiflich, wenn selbst ein sorgfältiger
Dichter hier die Quantität des ă vernachlässigt hätte,
da sein Stoff die sonst unmögliche Nennung des Namens
verlangte. Gebrauchte er aber Larentalia mit langem
a, so konnte er nicht gut an derselben Stelle dem a
im Namen Larentia selbst eine andere Quantität geben.
Wissowa bemerkt diesem Einwande gegenüber: dass
die Messung Lārentia und Lārentalia nicht eine durch
Verszwang veranlasste Willkürlichkeit sei, zeige der Umstand, dass auch die mit der Göttin der Larentalia iden-

---

Psyche I, 237: 'die Tage gehörten den Seelen (und ihrem
Herrn Dionysos) an.' Nach den Spuren des alten Sühnfestes, die wir
bei den Compitalien finden, darf man vielleicht annehmen, dass
dieses Fest sich ähnlich entwickelt hat, wie die Anthesterien.

¹) Dass dies die eigentliche Namensform der Göttin war, hat
Wissowa (Encyclop. I, 134) gezeigt.

²) Mommsen, Römische Forschungen II, 3. Wissowa in Roschers
Lex. II, 2, 1901. Identisch mit Larenta ist Larunda: Wissowa
a. a. O.

³) Zielinski, quaestiones comicae p. 112.

tische Larunda langes a habe.[1]) Der einzige Dichter, bei dem Larunda vorkommt, ist Ausonius.[2]) Welche Autorität indes Ausonius in prosodischen Dingen beanspruchen darf, mögen die folgenden Beispiele zeigen, die ich den indices der Schenklschen Ausgabe entnehme:

Stymphălidas: XXXIII, 5.

hĕrēde: XVI, 7, 49; an andern Stellen hēres

cĕlibem: XV, 14, 11; dagegen XV, 10, 17. 18: cāēlebs.

Cithĕron: XXVI, 2, 32.

Aquĭtanicus: III, 21; XVIII, 2, 442; XIX, 80. 114.
    Epist. XXV, 80. Dagegen Aquītanus: XV, 26, 7;
    XIX, 103.

Phĭdias: epigr. 11,1.

Nepŏtianus: XVI, 16, 4.

bŏbus: App. V, 28, 2.

geŏmetria: epist. XVIII, 17.

tetragŏnus, trigŏnus, trigŏnum: XXVI, 2, 50; XXXV,
    21. 40. 42.

matrĭcida: XXI, 1, 35.

parrĭcida: XXI, 2, 86.

Regīfugium: V, 16, 13.

Cĕbennae: XIX, 114; in demselben Gedichte v. 102:
    Cēbennae.

Diese Zusammenstellung zeigt, denke ich, zur Genüge, dass die Autorität des Ausonius nicht ausreicht, die Länge des a in *Larunda* zu erweisen. Ein sicheres Zeugnis für

---

[1]) Pauly-Wissowa, Encyclop. I, 134.
[2]) Ausonius XXVII, 7, 9. *Nec genius domuum, Larunda pro-genitus Lar.*

die abweichende Messung von *Lares* und *Larenta-Larunda*
liegt demnach nicht vor. Fällt aber der Unterschied der
Quantität fort, so liegt keinerlei Grund vor, den Zusammenhang der Gottheiten zu verwerfen.[1]) Da nun das Fest der
Larenta, die Larentalien, ein Totenfest ist, so ist aus
seiner Bedeutung ein Schluss auf den gleichartigen Charakter des Larenkultes erlaubt.

Diese Auffassung des Larendienstes lässt nach Wissowas
Meinung[2]) die Anrufung der Laren im Arvalliede und
bei der Devotion unerklärt.

Die Arvalen rufen die Laren noch vor Mars an.[3])
Die Feier gilt dem Gedeihen der Felder; den Feldern
also sollen die Laren Segen senden. Dass solches Wirken
den Seelen zugeschrieben wird, ist schon im ersten Abschnitte[4]) betont worden. Dass grade in diesem uralten
Liede sich auch ein solcher Rest alten, später zurück-
gedrängten Glaubens findet, ist nicht auffallend.[5])

Die in der Devotionsformel[6]) angerufenen Laren er-

---

[1]) Für diesen Zusammenhang spricht vielleicht auch noch
folgender Umstand, den auch de Marchi (a. a. O. p. 36, n. 2) hervorhebt. Im Larenkulte spielten die Sklaven eine gewisse Rolle
(Dionys. IV, 14, 3. Cic. de leg. 2, 27. Cato de agr. 57). Das
gleiche gilt von den Larentalien. Varro de l. L. VI, 24. *prope*
(sepulcrum Accae) faciunt diis Manibus servilibus sacerdotes.

[2]) Roschers Lex. II, 2, 1890.

[3]) C. I. L. VI, 2104.

[4]) S. 13 f.

[5]) Ebenso erklärt sich auch die Verbindung der Laren mit
dem Erntegotte Consus. Tertull. de spect. 5.

[6]) Liv. VIII, 9, 6. *Jane, Juppiter, Mars pater, Quirine, Bellona,*

klärt Wissowa[1]) für die Lares militares, weil sie neben
Bellona genannt werden. Würden diese wirklich in einer
so alten Urkunde angerufen, so wäre damit meine Auffassung der Laren widerlegt. Denn, ist der Larendienst
aus dem Ahnenkulte hervorgegangen, so können die Lares
militares, permarini, viales etc. erst zu einer Zeit auf-
gekommen sein, als die Urbedeutung sich schon verflüch-
tigt hatte, also ziemlich spät, nicht aber in der frühen
Zeit, auf welche die Devotionsformel zurückgeht. Wissowa
schliesst auf das hohe Alter des Kultes der Lares militares aus ihrem Vorkommen in den Arvalakten. Dass
indes die Arvalen im Jahre 213 n. Chr. den Lares militares opfern[2]), beweist nichts für das Alter des Kultes,
wird doch bei derselben Feier zugleich auch der Fortuna
redux geopfert, deren Kult erst seit Augustus vorkommt.[3])
Da die sonstigen Zeugnisse, in denen die Lares militares
ausdrücklich genannt sind, später Zeit angehören[4]), so ist
die Annahme, dass ihr Dienst auf sehr alte Zeit zurück-
gehe, nicht berechtigt, und es erscheint deshalb, da in
der Devotionsformel der Beiname *militares* nicht vorkommt, nicht zulässig, hier an die Lares militares zu
denken.[5]) Dass dagegen bei einer Weihung an die unter-

---

*Lares, divi Novensiles, di Indigetes, divi, quorum est potestas nostro-
rum hostiumque, diique manes.*

[1]) Wissowa, De Romanorum indigetibus et novensidibus (Ind.
lect. Marpurg. Winter 92/93) p. VIII. Roschers Lex. II, 2, 1870.

[2]) C. I. L. VI, 2086.

[3]) Vgl. R. Peter in Roschers Lex. I, 2, 1525.

[4]) C. I. L. III, 3460. 3463; vgl. Mart. Cap. 1, 46. 48. Wissowa
a. a. O. 1870.

[5]) Aus der Stellung neben Bellona lässt sich übrigens, abge-

irdischen Mächte auch die Ahnen der römischen Familien —
neben der Gesamtheit der Seelen, den dii Manes — angerufen werden, ist nicht merkwürdig.

Auffallender könnte das Hervortreten des Gesindes
im Larenkulte erscheinen, das Wissowa (a. a. O. 1890)
ebenfalls als einen Grund gegen die Ableitung der Laren
aus dem Seelenkulte anführt. Dass indes die im Hause
lebenden Sklaven zum häuslichen Kulte, gleichviel welchen
Ursprungs derselbe sei, eher Zutritt haben als zu anderem
öffentlichen Gottesdienste, ist begreiflich und stimmt zu
den Bräuchen anderer Völker.[1] Da die Lares compitales,
wie sich ergeben wird, nichts anderes sind als die im Hause
verehrten Laren, so ist es zu verstehen, dass auch an den
Compitalien die Sklaven Anteil hatten.[2] Beachtenswert ist
auch, dass, wie vorher (S. 117, Anm. 1) erwähnt, auch an den
Larentalien die Sklaven eine Rolle spielen, also die gleiche
Schwierigkeit auch bei einem sicheren Totenfest vorliegt.

---

sehen von den oben angegebenen Gründen, auch deswegen kein
sicherer Schluss ziehen, weil die Urkunde, wie Wissowa (a. a. O.
p. VII u. Anm.) selbst darlegt, von Livius nicht ganz in der ursprünglichen Form überliefert ist.

[1] Vgl. die früher besprochenen Einweihungsbräuche bei der
Aufnahme eines Knechts. Dass in Rom der Anteil der Sklaven am
Kulte geringer ist als in Griechenland, war oben (S. 31) dargelegt.

[2] Dass der Kult der Penaten und der Vesta im Gegensatz
zu dem der Laren nur dem Hausherrn und der Hausfrau obliegt,
wie Wissowa a. a. O. 1876 betont, kann für erstere nicht ganz zutreffen, denn zufällig rührt die einzige im 6. Bande des C. I. L.
enthaltene Weihung an die Penaten, die einen Dedicanten nennt,
von einem Sklaven her (VI, 561). Vesta aber tritt ja, wie auch
Aust (Relig. d. Römer S. 134) bemerkt, im Privatkulte überhaupt
weniger hervor, als die Penaten und Laren.

Das gewichtigste unter den von Wissowa vorgebrachten Bedenken wäre es, wenn wirklich die Ableitung des Larenkultes aus dem Seelendienste nur auf die Erklärung des häuslichen Larenkultes ausginge[1]), die Verehrung der Lares an den compita also unerklärt liesse. Wer daher an der hier vorgetragenen Auffassung festhält, hat die Pflicht, den Zusammenhang des häuslichen und Compitalkultes nachzuweisen.

Eine solche Verbindung von Herd und Kreuzweg ist durchaus nichts Singuläres. Hekate, deren Dienst mit dem Seelenkulte in der engsten Verbindung steht[2]), wird nicht nur am Kreuzwege verehrt, sondern auch selbst in der Tiefe des Herdes wohnend gedacht.[3]) Auf dem Kreuzweg wirft man Opfer für die Seelen — und Hekate, ihre Herrin — hin.[4]) Ohne sich umzuwenden[5]), muss man dort diese Gabe hinwerfen.[6]) Ohne sich umzusehen, musste auch die Frau in dem oben (S. 63 f.) angeführten russischen Brauche ihre Gabe — offenbar aus dem gleichen Grunde — am Kreuzwege hinwerfen, — die Gabe, die sie vom Herde

---

[1]) a. a. O. 1890.

[2]) Rohde, Psyche II, 80 ff.

[3]) Eurip. Med. 395 ff. οὐ γὰρ μὰ τὴν δέσποιναν, ἣν ἐγὼ σέβω μάλιστα πάντων καὶ ζυνεργὸν εἱλόμην, Ἑκάτην, μυχοῖς ναίουσαν ἑστίας ἐμῆς.

[4]) Etym. magn. 626, 44. ὀξυθύμια· τὰ καθάρματα τῶν νεκρῶν, ἃ δὴ καὶ ἑκαταῖα λέγονται· ἢ τὰ τῶν οἰκιῶν καθάρματα, τὰ ἐν ταῖς τριόδοις τιθέμενα. Vgl. Didymus b. Harpokrat. s. v. ὀξυθύμια.

[5]) Wie Rohde a. a, O. S. 79, 1 hervorhebt, sieht man hieraus, dass die καθάρματα den unsichtbar anwesenden Geistern hingeworfen werden. Vgl. oben S. 5, Anm. 1.

[6]) Aeschyl. Choeph. 98 f. Schol. τοῦτο πρὸς τὸ παρ᾽ Ἀθηναίοις

genommen; auch hier finden wir also wie bei Hekate und bei den Laren die Verbindung von Herd und Kreuzweg. Auch nach deutschem Volksglauben sammeln sich die Toten am Kreuzwege. Um die Wiederkehr des Toten zu hindern, setzt man das Geschirr, das er gebraucht hat, zerschlagen an einen Kreuzweg.[1]) Wenn der Leichenzug über einen Kreuzweg (das gleiche gilt von der Dorfgrenze) geht, so wird auf diesen ein Haufen Stroh gelegt, damit der Tote, wenn er in seine frühere Wohnung heimkehrt, auf demselben sich ausruhen kann.[2]) Am Kreuzwege kann man in der Neujahrs-Mitternachtsstunde die Toten beschwören[3]), auf Kreuzwegen tanzen die der Ruhe beraubten Seelen bei Mondenschein wilde Tänze.[4])

Überall aber, wo die Seelen anwesend gedacht werden, opfert man ihnen. Darum werden die Seelen der Ahnen von den Römern ausser am Grabe und im Hause auch am Kreuzweg verehrt.

Der einzelne verehrt seinen Lar im Hause, die Bewohner eines Viertels verehren die Gesamtheit der Laren ihres Bezirks am compitum.[5]) Als Vielheit erscheinen,

---

ἔθος, ὅτι καθαίροντες οἰκίαν ὀστρακίνῳ θυμιατηρίῳ ῥίψαντες ἐν ταῖς τριόδοις τὸ ὄστρακον ἀμεταστρεπτεὶ ἀνεχώρουν.

[1]) Wuttke, Der deutsche Volksaberglaube der Gegenwart[3] S. 461.

[2]) a. a. O. S. 469.

[3]) a. a. O. 484.

[4]) Schoenwerth, Aus der Oberpfalz 2, 165. Wuttke S. 474, vgl. 471.

[5]) Die Gesamtheit der städtischen Laren wurde dann noch in einer eignen aedes verehrt. Als die Stadtbeschützer wurden sie hier die „hilfreichen" (*praestites*) genannt.

wie Jordan [1]) richtig bemerkt hat, die Laren ursprünglich; nirgends wird, so viel ich sehe, in alten wertvollen Zeugnissen die Zweizahl betont. Auf einem Bilde freilich liess sich eine unbegrenzte Vielheit nicht darstellen. Vermutlich trieb daher, wie Jordan a. a. O. richtig hinzufügt, die Notwendigkeit, die Vielheit der Laren bildlich darzustellen, die ersten griechischen Darsteller dazu, zwei Laren zu malen; ebenso wurden ihnen aus dem gleichen Grunde in dem Tempel an der sacra via zwei Bilder geweiht, wobei allerdings wohl noch hinzukam, dass man sie nach Art der Dioskuren darstellte und auch deshalb die Zweizahl wählte.

Wie der Totenkult überall, wenn auch bei den Römern weniger als bei andern Völkern, allmählich etwas zurücktritt, so verflüchtigte sich auch bei den Laren die Urbedeutung, die sich in den Riten hier und da noch deutlich zu erkennen giebt. Sie wurden Schutzgötter allgemeiner Art. Diese Schutzgötter wurden allmählich mannigfach differenziert, und den einzelnen Gestalten derselben wurden verschiedene Gebiete des menschlichen Lebens zugewiesen. So entstanden die Lares viales, militares, permarini u. a. Ganz vergessen aber wurde die alte Bedeutung anscheinend niemals, denn da wir nun, ohne die Erklärungen der alten Schriftsteller zu berücksichtigen, durch die Prüfung der Riten zu derselben Deutung gelangt sind, die auch die römischen Antiquare gegeben, so

---

[1]) Jordan, Vesta und die Laren (25. Berliner Winkelmannsprogr. 1865) S. 18.

darf man doch wohl annehmen, dass ihre Zurückführung
der Laren auf die Seele nicht, wie so viele andere ihrer
Deutungen, ein reines αὐτοσχεδίασμα war, sondern sich
auf Reste des alten Volksglaubens stützte, die sich trotz
der Umdeutung der Laren noch in eine spätere Zeit hin-
übergerettet hatten.

www.ingramcontent.com/pod-product-compliance
Lightning Source LLC
Chambersburg PA
CBHW020411030726
47496CB00007B/2405

9783955640057